日本の神々

松前　健

講談社学術文庫

はしがき

戦後の低迷と空白の後、日本の神話に対する関心は、ここ十年くらいの間に急速に高まってきた。戦前の極端な国家主義に基づく神話の偶像化・栄光化は、確かに自由・清新な学問の進展を妨げたが、また戦後における、逆の、極度なる忌避・蔑視は、これまた正当な古代史研究の道をはばむものであったといえるであろう。

しかし、最近は、失いかけた日本の古代文化や伝統文化に対する関心の再燃ともいうべきものが、ジャーナリズムにおいても、世間においても、あちらこちらで聞かれるようになってきているが、それに伴った現象として、「神話ブーム」ということばが、盛んに使われるようになった。

確かに日本神話に関する出版物は、現在百種を超え、新聞やテレビなどもこれを大きく採り上げるようになった。その主眼は、神話を通して隠れた日本民族文化の源流・系統を探り、あるいはそれを傍証として古代国家の成立過程を究めていくという点にある。これは確かに妥当な方向である。従来、日本神話の研究法としての二つの流れ——歴史学派の流れと民族学・比較神話学派の流れ——の研究目標は、まさにそこにあるからである。

ことに近年は、この二つの流れは互いに歩みよりを示し、シンポジウムや共同研究などの交流が盛んに行なわれ、しだいに綜合研究による解明の方向へと進みつつあるのは、喜ばしいことである。

しかしそれとともに、さして実証性もない奇説・珍説が公然と闊歩《かつぽ》し、基礎的知識に乏しい大向こうの喝采を浴びるという現象までも出てきているのは、困ったことである。

著者は、よく学界の人々から、日本神話研究の二つの流れの橋渡し役だと評されたものである。もちろん、そうした役を負うことのできる有資格者であるとも思ってはいないが、しかし、この二つの方法をできるだけ包括し、多角的・綜合的な神話の解明を行ないたいというのは、多年の著者の念願であることだけは確かである。

著者の神話研究のねらいは、まず説話の類型を国の内外に広く求めて、これを支えていた文化の源流を探るとともに、この説話が、素朴な「原像」からしだいに成長し、氏族の手を媒介として、宮廷の神話体系に繰り入れられるに至った過程、及びその主人公としての霊格の崇拝や祭祀の発達過程を探ることにあるのであり、これには民俗学、民族学、神話学などとともに、歴史学の方法も併せ考慮されなければならないのである。

こうした立場と方法によって、先年以来、中央公論の『歴史と人物』に数回にわたって、イザナギとかアマテラスとかスサノヲとか、神話上の代表的な神格について書いてきた。この中から若干を選び、さらに別なものを加えて、全体に修正を加え、一冊にまとめたのが本書である。第五章には、特に著者の方法論を示して、全体を鳥瞰した。
なお本書に参考・引用した著者の前著を参考までに掲げる。
『日本神話の新研究』桜楓社出版　昭和三十五年
『日本神話の形成』塙書房　昭和四十五年
『日本神話と古代生活』有精堂出版　昭和四十五年
『神々の系譜』ＰＨＰ研究所　昭和四十七年
『古代伝承と宮廷祭祀』塙書房　昭和四十九年
以上の他、学生社刊の『シンポジウム　日本の神話』1〜5や、伝統と現代社編『日本神話の可能性』にも、著者の立場は示しておいた。
終わりに臨んで、『歴史と人物』に連載の機会を与えてくださった粕谷一希、望月重威氏、並びに、本にまとめるにあたって、骨を折っていただいた中公新書編集部の方々に心からお礼を申しあげたい。

昭和四十九年八月五日

著　者

目次

日本の神々

第一章　イザナギ・イザナミ神話の形成

1　イザナギ・イザナミの内性

日本の創世神話の主人公である伊弉諾《いざなぎ》・伊弉冉《いざなみ》二尊の神名の名義については、古来いろいろな解釈が試みられてきている。「イザナヒ君」「イザナヒ女君《めぎみ》」、つまり「誘い合う男女の君」の意であるとか、「磯凪《いそなぎ》・磯波《いそなみ》」であるとか、宗教的な神聖を表わす「イザ」ないし「イサ」に蛇体の水霊を表わす「ナギ」「ナミ」が付いたのであるとか、あるいは海の霊物を表わす「イサナ」に、それぞれ男女を表わす「ギ」「ミ」が付いた形であるとか、いろいろと定まらない。

『日本書紀』の一書の伝えに、イザナギの父としてアワナギを挙げており、また、『古事記』に、アワナギ・アワナミ、ツラナギ・ツラナミなどという神名が見えることなどから、イザナギ・イザナミも、凪と波を表わす海洋的な霊格であろうというのは、まず一番可能性が強いといえる。この二神は、海洋を舞台として活躍しており、また二神の子や孫は、海の神のワタツミをはじめ、航海、港湾、風波、霧、船舶などの神々が多い。

しかし、この二神は、海洋神的要素以外に、幾多の複雑な要素を含んだ内性や機能を持っていた。このなかで、従来、最も公認された内性といえそうなのは、この二神がそれぞれ天父と地母であるということである。松村武雄、松本信広、沼沢喜市など多くの学者がこれを論じている。

イザナギの左右の眼から、それぞれアマテラス大神《おおみかみ》とツクヨミとが生まれたという『古事記』の神話は、日月を天空の両眼だと考える古い信仰である。ニュージーランドのマオリ族では、太陽と月とは、天空神ランギの子であり、天空の眼として、天上界に置かれたといい、またハーヴェイ群島でも、やはり日月は、天空神ヴァイテアの左右の眼となっている。

古代オリエントにも多くの例がある。イザナギの両眼から日月の神が生まれるのも、その神の天空神的内性を表わしている。

イザナミが大地母神らしいことについては、彼女が病み臥した時に生まれた神々が、カナヤマビコ・カナヤマビメ（鉱山神）、土の神ハニヤスビコ・ハニヤスビメ、水の神ミヅハノメなどであったこと（『古事記』）や、五穀を生み出したワクムスビもこの女神の子であると語られていること（『書紀』一書）なども、みなこれを物語る証跡であるといえる。

イザナギ・イザナミが、天空神・地母神の一対の夫婦であり、その結合と国生み、およびその別離の神話が、もともと天と地の結合、および万物の化生とその分離を物語る、いわゆる天地剖判《ほうはん》神話の一変形であろうという説は、従来いろいろと説かれたところであるが、この天地分離の神話は、アフリカ、オリエント、ギリシア、東南アジアなどにも広く行なわれ、その最も有名なものとして、ポリネシアのニュージーランドのランギとパパの神話がある。

天父ランギと地母パパの結婚により万物がその間に生まれ、神々も生まれたが、二人はあまりに固く抱き合い、間が狭く暗いので、神々は相談し、森の父であるタネ・マフタが、二人を引き離した。そこで天地は見る通りに分離したというのである。日本にも、昔、天と地の間が狭く、人々が難渋《なんじゅう》していたのを、アマノジャクが天と地を押し開いたので、天地は今見るようになったという昔話などもある。ことに沖縄の話では、昔、天地の間が狭く、人々は蛙のごとく這って歩いたが、巨人アマンチュウが不便と考え、堅い岩の上に踏張り、両手をもって天を押し上げた。それから天は高くなり、人は立って歩けるようになった。岩の上には彼の大きな足跡が残された。また彼は日と月とを天秤棒《てんびんぼう》にかついで、あちこちと歩きまわり、その時棒が折れて日月は遠くに落ちた。これを悲しんで泣いた涙が、国頭本部《くにがみもとぶ》の涙川となったと語られる（佐喜真興英『南島説話』）。これが天地剖判神話の民譚化したものであることはもちろんであるが、柳田國男氏などが、これをイザナギ・イザナミ二尊の神話と結びつけ、また『常陸国風土記』や諸国の口碑に残る巨人伝説に結びつけて、両者の橋渡しだと考えたのは、おそらく正しかろう。このアマンチュウが日月の運び手であったことは、イザナギが天柱をもって、アマテラスとツクヨミとを、天上に押し上げたという伝承（『書紀』一書）と共通の観想を持っている。

このアマンチュウと、かつては同系の創造神であったと思われ、日本本土のイザナギ・イザナミと似た国土創成を行なった、沖縄の祖神アマミキョ（方言ではチュと発音することがある）も、その名義は「あなたの海の人」すなわち「遠い海から来た人」の意で（鳥越憲三郎『琉球の神話』）、イザナギ・イザナミが海洋と関係ある名であるのと似ている。

イザナギ・イザナミ二尊の内性は、はたして天父と地母であるのが原初的なものなのか、それとも、海洋との関係が古いものであるのか、単純には決めがたいものがあるが、しかし、いずれにしても、後世には両者の要素が併存していることは事実である。

そのほかに、徐々に述べるように、この二神には、人類の祖先としての要素、日月二神としての要素、竜蛇神としての要素、また道祖神としての要素などもあり、その神格の成立には、複雑な多元的要素が基盤となったことを物語っているのである。

この二神が、皇祖神アマテラスの親神とされ、高天原《たかまがはら》パンテオンの上席に位置を占めるに至る前は、単に淡路島を中心とする漁民集団「海人《あま》」たちの奉じる一地方神であったらしいことは、つとに証せられている。『延喜式《えんぎしき》』神名帳《じんみょうちょう》に淡路国津名郡淡路伊佐奈伎《いざなぎ》神社名神大とあるのがそれである。

『日本書紀』履中《りちゅう》天皇五年（四〇四）の記事に、天皇が淡路島に狩猟を行なったところ、おつきの飼部《うまかいべ》たちの黥《めさき》（いれずみ）が、施したばかりなので、血なまぐさく、それをきらって、「島に居ますイザナギノ神」が、祝《はふり》（神職）に憑《の》り移って託宣を下した。そこで卜占をし、神意を知り、それ以来、飼部の黥を禁じることになったという。ここではイザナギは単に「島に居る神」とだけ記されていて、皇室にゆかりの深い神であるという印象はない。この話がそのまま年代的に正確な史実であるかどうかは問題だという考えかたもあるが、この履中は仁徳《にんとく》の子で、応神《おうじん》王朝の正統な継承者であり、その弟の反正《はんぜい》とともに、五世紀初めの実在の王者であった。反正は淡路の離宮で生まれ、ここの瑞井で産湯をつかったという有名なタヂヒミヅハワケ（反正）の名の由来譚が伝わっている。

淡路が、「みけ向ふ　淡路」などと呼ばれて天皇の台所の料を奉る国とされ、ここに直轄の屯倉《みやけ》や遊猟地があり、離宮が設けられていたことは、事実であるが、その起源はたぶん四世紀末から五世紀初めの応神、仁徳、履中ころの難波朝、岡田精司氏や上田正昭氏らの、いわゆる河内王朝時代であろう。闕史《けっし》八代（第二代綏靖《すいぜい》から第九代開化《かいか》までの、系譜だけの天皇）の安寧の御代に見える淡路の御井宮《みいのみや》の話は、史実としては疑わしい。

応神の皇女に淡路御原皇女《みはらのひめみこ》がいたり、淡路御原（三原）の海人を応神が水夫として使ったり、また仁徳の死後の皇位継承の争いに、淡路の野島《ぬじま》の海人《あま》が登場したりするのを見ると、応神以後急速に大和朝廷と淡路の海人との結びつきは強まっている。「履中紀」のイザナギの託宣も、そうしたさなかのできごとである。

履中・反正に続く允恭《いんぎよう》帝の十四年に、帝の淡路遊猟のとき、島の神（たぶんイザナギ）が祟りをし、託宣をして「明石の海底にある真珠を採ってわれを祭れ」と告げたので、海人ヲサシが命をかけて採ってくる有名な話がある。五世紀前半ごろまでは、イザナギはまだ単なる「島の神」で、海人の真珠を欲しがる海洋神であり、ローカルな神であったらしい。

これが神話になると、皇祖アマテラスの親神とされ、ここを基盤に大八洲《おおやしま》を、生み出した偉大な創造神とされるに至っている。『書紀』には、「幽宮《かくりのみや》を淡路の洲《しま》に構《つく》り、寂然《しずか》に長く隠れましき」というように、その終焉《しゆうえん》を語っている。イザナギ・イザナミは、もともと淡路の海人の奉じる創造神であった。したがってその国生みは、もともと淡路島を中心とする小規模な話であったのであろう。これが大八洲全体の国生みというスケールに拡大されたのは、ある時期における政治的配慮によるものである。

2　イザナギ・イザナミと海人

二尊を祀る神社は、『延喜式』神名帳によると、ほぼ近畿周辺に分布していた。淡路島の本社のほかに、大和に二ヵ所、摂津、伊勢、若狭にそれぞれ一ヵ所のイザナギ神社、阿波にイザナミ神社があった。このほか出雲には、一ヵ所、イザナギ神社の名が見える。また和泉や播磨に、淡路神社の名が見えるのは、この二神を祀るのであろうと、岡田精司氏は述べている。

このほか、『日本書紀』の一書には、イザナミの魂を紀伊の熊野の有馬村に祀るといい、「土俗この神の魂を祭るに、花の時は花をもって祭る。また鼓吹幡旗《つづみふえはた》をもって歌ひ舞ひて祭る」とあって、民俗的描写が記されている。これが熊野市の郊外の有馬の花窟《はなのいわや》であるといわれる。

また『丹後国風土記』逸文に見える、イザナギが天に通うため「天《あま》の橋立《はしだて》」を作り立てたが、これが倒れたという、有名な伝説がある。この「天の椅《はし》」と記紀の天の浮橋とは同じものであろう。国生み神話が丹後まで運ばれて、風土化した地形由来譚となったものらしい。

このなかで最も問題視されたのは、『古事記』の真福寺本系の諸本に見える、イザナギの社「淡海《おうみ》（近江）の多賀」であろう。『延喜式』神名帳に、近江国犬上郡多何《たが》神社二座とあるのがそれで、現在の多賀大社であるが、少なくとも近世にはイザナギを祀っていた。

こうしたイザナギの分布は、おそらく海人が持ち運んだからであろう。海から離れた山地にも、古く海人が移住した痕跡があり、二尊の崇拝もおそらく彼らの移動と関係がある。淡路はもちろんのこと、摂津、伊勢、若狭、阿波、熊野、和泉、播磨、丹後など、二尊のゆかりの地は、みな著名な海人の中心地であった。

おそらく、この二尊の崇拝は、舟航を得意とする淡路の野島海人や三原海人の手によって周辺の海人の間に広まり、さらに近畿内部の近江や大和盆地にまで運ばれたのであろう。

この二尊は、古くは宮廷には祀られていなかったし、皇祖神の親神でもなかった。淡路の大社でさえ、『三代実録』貞観《じょうがん》元年（八五九）の条に、無品勲八等から一品にと、神階を進められたのが、初見である。

この貞観元年は、記紀の神話的系譜を、はじめて宮廷における神々の序列に適用した年であったらしく、無品のイザナギが一足飛びに最高の一品を授けられたばかりでなく、神祇官のタカミムスビ以下の五神も、無位から従一位に進められている。イザナギを、親王に授ける位である一品にしたのは、神話における皇祖神の最近親者であるという系譜が、公に採用されたからであろう。また同じ記事の中に、大和と摂津のイザナギ神を従五位下より従五位上に進めている。

この神が宮廷に知られるに至った最初の時期は、おそらく淡路島が宮廷の御食都国《みけつくに》となり、その食料の貢納地とされ、また淡路の海人が朝廷の指揮下にあった難波朝時代であろう。「履中紀」や「允恭紀」などの祟りの話などは、要するに、朝廷がその食料源を淡路島に求めたとき、最初にこの神の許しを得なかったので、神が怒った。これを祭ってから行なうべきだということを、由来話として語ったものであろう。

イザナギ・イザナミの社の近畿周辺における分布は、オホナムチなどの出雲系の社が全国的に拡がったのと、いささか事情を異にする。後者は一種の巫覡《ふげき》の徒の宣教によるものだが、前者は、それより古く、海人らの移住や交通・交易などを媒介としたものである。大和の二ヵ所のイザナギ神社（添下郡、葛下郡）などは、難波から大和盆地に朝廷が遷ってから後も、淡路からの海産物の貢納が続いたため、大和に設けられた海人の出先機関であったのかもしれない。おそらく二尊の国生み神話は、こうした海人の活動・移住によって、一般民衆に知られていったのであろう。

『丹後国風土記』の天の橋立の伝承などは、他の地にも伝えられた形跡がある。『延喜式』神名帳を見ると、阿波美馬《みつま》郡には、イザナミ神社と並んで、アメノハシダテ神社、ミヅハノメ神社、ハニヤマヒメ神社などの名が見える。鈴木重胤や栗田寛などの学者が考証したように、二尊の国生みや、イザナミの焼死によるミヅハノメやハニヤマヒメの誕生の物語と、おそらく関連がある。このことは、この地方にこれらの一連の神話が神社を媒介として分布していたことを物語る。

この阿波の神々の中で、最も格式の高いのは、貞観十一年（八六九）に正六位上から従五位下になったイザナミ神であったが、土地の古い霊格としては、ミヅハノメの方が本来の地主神であったのであろう。折口信夫博士も説かれているように、ミツハ、ミツマ、ミヌマ、ミルメなどと、いろいろ呼ばれている神は、みな古代の水の女神であって、阿波の美馬郡はその中心であったらしい。

阿波国は古くから穀霊・穀神信仰の中心であり、『古事記』によると、阿波国自身の別名として、穀神オホゲツヒメの名が見える。鈴木重胤が見たという阿波のオホゲツトメの小祠の神像は、左衽《ひだりえり》にした女体の右手にシャモジを持たせた形であるという。阿波の板野郡撫養町（現鳴戸市）の於加《おか》神社の神体も、飯を盛った椀とシャモジを持った形であり、田の神の一般的形態である。

おそらく阿波では、古くから田畑の豊饒《みのり》を祈るため、水の神、土の神、穀物の神などを祭り、これを農耕の守り神として斎女《さいじょ》が奉じていたのであろう。この斎女のイメージが、やがて祭られる神の性格に投影して、こうした豊饒神を女性と観ずるようになる。また一つには、この地方が古くは母系的色彩の濃い稲作地帯であったことにもよるのかもしれない。

ここへ、目と鼻の先の淡路からイザナミの崇拝が持ちこまれた。イザナギの方は、この地方が元来母神崇拝の中心地であったため、受け入れられなかったのであろう。

このイザナミの崇拝の流入によって、この地に古くから稲作にゆかりの霊格であったミヅハノメやハニヤマヒメなどの社が、イザナミに関係づけられていったのであろう。

『日本書紀』の一書によると、イザナミはカグツチを生んで焼け死ぬ前に、ハニヤマヒメとミヅハノメを生んだが、カグツチがハニヤマヒメをめとり、ワクムスビを生んだ。ワクムスビの頭の上に蚕と桑とが生じ、臍《へそ》の中に五穀が生じたといい、オオゲツヒメが殺されて死体から五穀が生じた話と似た話が語られる。農耕の祭りとして火祭りを行ない、その火の徳が大地の生産力を刺激し、五穀を生じるという呪術の神話的表現である。別の一書によると、女神の小便からミヅハノメ、大便からハニヤマヒメが生まれたというが、これにも「糞便による五穀の豊饒」という思想がうかがわれる。私は、もしかすると、イザナミの死によるこうした豊饒神の誕生の神話は、もとこの地方の風土伝承であったのではないかと考えている。

3　イザナミと熊野および出雲

阿波は農耕が発達していたから、イザナミ女神の社ができたのは了解できるが、農地のない南紀の熊野に、イザナミの神陵があるのはなぜだろうか。

『日本書紀』の有馬の神陵の記事の影響もあって、平安以降、熊野の三所《さんじょ》神の中のムスビの神をイザナミ、ハヤタマをイザナギ、ケツミコをスサノヲに、それぞれ比定したが、そうした割当て自体は、後世のものであるにしても、ムスビをイザナミだとしたのは、土俗信仰としては、自然なことであった。というのは、この地でも、古くから生成の女神としてのムスビの崇拝が盛んであった。その御子のケツミコを祀る本宮大社（式内熊野坐《しきないくまのにます》神社）や、また夫神ハヤタマを祀る速玉《はやたま》大社（式内熊野速玉神社）では、今でもその例祭には、ムスビの女神の神輿のみの渡御がある。すなわち活動するのは、主に女神の方なのである。

熊野三所神とは、蕃殖・生成の母神としての山の神であるムスビと、その夫としての男神ハヤタマ、およびその間に生まれた樹木の霊としてのケツミコなのであり、後世のフォークロアで、「山の神」の女神が「木種《こだね》を播《ま》く」とか「木を数える」とか語られている伝承と共通な観想に立っている。紀伊は昔から樹木の産地として知られ、『書紀』の一書の、スサノヲの「木種分布」の神話も、この地方と関連している。私は、五、六世紀の紀伊海人や熊野海人らの活躍と、紀州のスサノヲや熊野大神などの崇拝の拡布とを、おそらく関係あると思っているが、熊野のイザナミの崇拝も、たぶん「熊野船」に乗って出漁する熊野海人が淡路から取り入れたのであろう。

有馬の花窟《はなのいわや》の神陵の聖なる大岩壁には、女陰の形と伝えられる窪みがある。現在でもこの岩壁は、海岸にすぐ面した所にあり、いかにも海人の祭所らしい。この熊野は、後世の高僧が小舟に乗せられ、海につき放されたという往生形式の補陀落渡海《ふだらくとかい》の風や、神武《じんむ》東征譚に、皇兄ミケヌが、ここから海を渡って常世郷に去ったという伝承などにもうかがえるように、古くから他界信仰の中心であり、海の果ての霊の国への出発点ともされていたらしい。イザナミの黄泉《よみ》の国は、初めはまだ陰惨な地下の底の国ではなく、海上の明るい他界であったであろう。沖縄のニルヤ、ニライなどと呼ばれる海上他界と同系の根《ね》の国であり、スサノヲの赴いた他界でもあったのである。

イザナミの魂を花をもって祭るというのは、現在花窟で、縄を岩壁から海岸まで張り、これに花や果物などを吊り下げる「お綱渡し」の神事に残る。またこの女神と同体視されている、熊野本宮の夫須美大神《ふすみのおおかみ》（ムスビ）の御田祭《おんださい》に、男子を出産した家が造花を奉納する「揚《あ》げ花」の行事などにもうかがわれる。山の母神ムスビに、季節の花を供えて、その蕃殖力の弥栄《いやさか》を祈るのが、神事の目的であったが、この風が後に、海岸の海人系の女神にも行なわれるようになったのであろう。

有馬の神陵以外に、イザナミの神陵としては、『古事記』に見える、伯耆と出雲の国境にあるという「比婆山《ひばのやま》」がある。これがどこにあたるのかは、いろいろと論議されたが、定説を見ない。『古事記』では、イザナミは出雲ととかく結びついている。イザナギとイザナミの生死問答のあった黄泉平坂《よもつひらさか》は、出雲の伊賦夜《いふや》坂であると註せられ、この地は八束郡東出雲町（現松江市）の揖屋《ゆうや》坂がこれにあたるといわれている。

しかし、『出雲国風土記』には、この二尊の説話はまったく出てこない。『延喜式』神名帳には、出雲郡の阿須伎《あすき》神社の末社として、イザナギ神社の名が見えるが、『風土記』には見えない。このほか、熊野大神が、『出雲国造神賀詞《いずものくにのみやつこのかむよごと》』の中で「イザナギの愛子《まなご》（麻名古、日真名子）」として讃えられていることぐらいのものである。現地の出雲国に、二尊の崇拝の跡が乏しいことは、近畿地方の、この二尊の崇拝の分布と比較すると、この二尊と出雲との結びつきが、本来的なものではないことを示している。この両者の関係は、おそらく後世の政治的潤色によるものであろうと考えられる。

比婆山にせよ、伊賦夜坂にせよ、いずれもイザナミの死と結びついている。このことは、出雲国が古く死や冥府と結びつけて考えられていたという事実と関係がある。『出雲国風土記』に見える、脳礒《なずきのいそ》の西の「黄泉の坂・黄泉の穴」と称する自然洞窟（猪目洞窟）とか夜《よ》見島《みのしま》（現在の夜見ケ浜《よみがはま》）の存在などは、この国と他界信仰との結びつきを物語っている。

出雲神話の世界が、宮廷神話の体系の中に割りこませられた時期は、オホナムチの信仰を持ち運んだ出雲人と称する巫覡《ふげき》の徒の全国的な活動が行なわれた七、八世紀の律令制下であろうというのが、私の持論なのであるが、イザナミの神陵や黄泉平坂の所在を、出雲国内に定めた『古事記』の説も、私は、ほぼそのころの産物であろうと考えているのである。そして、その結びつきも、もしかすると七、八世紀の朝廷の貴族たちの机上の想案にすぎないのではないかと考えている。これは具体的な民俗行事と結びついている有馬の神陵の場合とは異なるのである。

4　国生み神話とポリネシア創世譚

日本の創世神話は、国生みが特色とされる。「国生み」は単なる創造ではなく、男女神の性交によって女神が娠《はら》み、次々と島々がその胎内から生まれることである。『古事記』によると、イザナギ・イザナミ二神が天の浮橋に立ち、矛を海中に下して、引き上げた潮の滴《したた》りが凝《こ》り固まってできあがったというオノゴロ島の上に、天御柱《あめのみはしら》と八《や》尋殿《ひろどの》とを建て、そのまわりを、男神が左から、また女神が右からまわる。両者が出逢ったとき、「あなにやし　えをところを」「あなにやし　えをみなを」の有名な唱和を唱え、性交をするが、女人が先に唱えたことにより、最初は不完全なヒルコが生まれる。これを葦舟に入れて流すが、次に生まれた淡島も御子の数には入れない。そこで二神は太占《ふとまに》で占うと、女人が先に唱えたのがまずいと、神意があったので、順序を変えてやり直すと、今度は健常な子が生まれ、まず淡路島、次に四国、隠岐、九州、壱岐、対馬、佐渡、本州と、次々に大八洲《おおやしま》（日本列島）を生み、また多くの小島を生んだ。後にイザナミは、風神、海神などの多くの神々を生んだが、最後に火神カグツチを生み、イザナミは陰部《ほと》を焼かれて死ぬのである。

この話の中の「国生み」にあたる部分は、二神が婚姻の後、たくさんの島々を生むというくだりだけである。オノゴロ島は「国生み」によって生み出されたのではなく、矛を海に下して作り出したのである。『日本書紀』の筋も、ほぼ同様であるが、その生み出しの順序は多少異なる伝えもある。また対馬や壱岐などの多くの小島は、潮の沫《あわ》が凝り固まってできたという本文の伝えなども、若干の島々の生成が「国生み」の形でなく行なわれたことを物語っている。しかし、主な日本列島が、イザナミの母胎から生まれたとすることは、諸書一致する。

このなかで、最初に生まれた淡路島を、イザナミが胞《え》（胎盤、胞衣）として、大八洲を生んだという伝承が、『日本書紀』の本文、一書のいくつかに見えるのは、淡路島の海人の所産であることを、はっきりと表わしている。胞はエナで、母胎の象徴と考えられるべきものである。淡路の海人は、彼らの島が日本列島の中の最初の存在であり、基盤であるとも信じていたのであろう。淡路島が最初の島であるという伝承は、記紀のほとんどすべての伝えにある。

日本の創世譚には、国生みばかりでなく、国作りも語られたことは、オホナムチ・スクナヒコナの国作りの話を見てもわかる。これも一種の国土創造であったことは、『万葉集』に、

おほなむち　少御神《すくなみかみ》の　作らしし　妹背《いもせ》の山は　見らくしよしも（巻七）

と歌われていることでも了解せられる。ところが国生みは、二尊だけの一手専売である。

こうした「女神が島々を生む」という観想は、世界にも例は少ない。ただ一つ南太平洋のポリネシア人にだけ行なわれている。たとえば、ハワイの伝承に、ワケア神はパパ女神と夫婦となり、パパはハワイ島、マウイ島などのたくさんの島々を生んだと語られる。パパは、ハワイでは「島生みのパパ」と呼ばれている。類似の話は、タヒチやニュージーランドなどにも語られている。

このような島生みの女神がパパという名で呼ばれていることは注意すべきである。これは地母神の名であり、これを娠ませる役としての天神ヴァイテア（アテア、ワケアとも呼ばれる）やランギの相手役である。この話は、もともと天父と地母の結婚によって万物が生まれ

たという伝承の、海洋化・島嶼《とうしょ》化した形にほかならないのである。またポリネシアでは、この天神ヴァイテアはその両眼が日月であるとされる。イザナギの両眼から日月二神が生まれる神話と似ている。

ニュージーランドなどの天地分離神話は、その最後の天父と地母の出現までに、宇宙開闢《かいびゃく》のとき、原古の渾沌《こんとん》（ポー）からしだいに光や音が生じ、緩やかな進化の過程を表わす神々が生まれ、最後に天父と地母が生まれてその展開は止まる。そして両者の結婚となる。こんな創世神話のタイプを、ディクソンなどは、「進化型」もしくは「系譜型」と名づけ、ポリネシアに分布していることを述べている。たとえば、ニュージーランドで、原古にテコレ（虚無）、次にテコレ・トワ・タヒ（第一の虚無）、というように「虚無《テコレ》」を名とする神々が生まれ、次に「夜《テポ》」を名とする神々、次に「夜明け」「昼」「空間」などを名とする神々が生まれる。次に「湿」（男）と「天の広がり」（女）の偶生神が生まれ、さらにこれからランギ（天）とパパ（地）とが生まれたという。マルクェサスでも同様な進化型の創世譚が語られている。

こうした驚くほど哲学的・抽象的な観想が行なわれていることは不思議であるが、その素朴な形は、もっと具体的な山や岩などの出現が語られるものもある。

サモアの「進化型」は、まさにそのタイプである。その一つに、最初、虚無から香気を生じ、次に塵を生じ、次に見える物、次に手に取れる物、次に土、次にパパ・ツ（高い岩）、次に小石、次に山々が生まれ、山々が「気まぐれな逢引場所」と婚して、「塵芥」という娘を生む、という具合に、最後は人間に至る。こうした進化型の神話は、一般に原初の「虚無」から「岩」が出現し、それから万象が次々と出てくるのであり、最初の「岩」にはパパという名が与えられている。

ディクソン、ウィリアムソンなどによると、ポリネシアの「進化型」は、南太平洋に広く分布する「原古の岩」の神話から出た一変相であろうという。タヒチやマルクェサスなどの神話に、かつて海中にあった一つの岩が、万物の母胎であったと語られ、また創造神タアロア（タンガロア）などが、この岩の上で、またはこの岩を抱くことによって、この岩が娠み、大地や万象を生み出したという。この「原古の岩」が擬人化されると、女神パパの登場となるわけである。東南アジアやインドネシアなどにも、こうした「原古の岩」の神話が多い。ポリネシア人の進化型も、所詮この「原古の岩」の信仰の一形式である。ポリネシアでは祖先崇拝が盛んで、家の系譜が重んじられることは有名である。ディクソンも論じたように、こうした「原古の岩」の神話を、系譜的に引き伸ばしたのが、「進化型」であるのかもしれない。

してみると、ポリネシアの「島生み」神話と「天父と地母」型神話と、「進化型」の神話とは、お互いに内的に深く関連し合い、交渉を持っていて、また共通の観想を母胎として発達したものであることがわかる。

ところが、『古事記』の開闢神話に、この「進化型」と似た形があることは知られている。太初アメノミナカヌシ、タカミムスビ、カミムスビの造化の三神が出現し、それから葦《あし》牙《かび》が萌《も》え出るようにアシカビヒコヂが生まれ、それからアメノトコダチ、クニノトコダチ、ウヒヂニ、スヒヂニ、ツノグヒ、イクグヒ、オホトノチ、オホトノベ、オモダル、アヤカシコネなど、次々と男女の偶生神が生まれ、最後に、イザナギ、イザナミが生まれ、結婚して国土や万物を生むのである。ニュージーランドの「進化型」で、渾沌からしだいに宇宙の進化を表わす神々が生まれ、最後に天父と地母が生まれる形と似ている。おまけに、『日本書紀』に、原古の国土が大魚の浮遊とたとえられたり、『古事記』で水月《くらげ》にたとえられたりする形は、水辺生活の表われであるが、ハワイやマルクェサスの「進化型」でも、渦巻や沸騰、ヒトデ、サンゴ、貝などの水辺の存在が出てきている。

ポリネシアの創世譚には、こうした一連の「進化型」「原古の岩」「島生み型」の創世譚に対して、別の系統の創世譚、すなわちディクソンのいう「創成型」および「島釣り型」があることも知られている。「創成型」は、天神が鳥などを派遣して、海中に土や石を投じ、島を造るというタイプであるが、「島釣り型」は、英雄神が海中から大魚を釣り出し、これが島になったというタイプである。

イザナギ神話には、土や石を投じて島を造る形はないが、琉球の創世神話にはこれが見える。十七世紀の『中山世鑑《ちゅうざんせいかん》』に見える、阿摩美久《あまみく》という神が、天帝の命を受け、天上から土石草木を海原に投じ、これで島々を造ったという伝承などは名高い。『宮古島旧記御嶽由来記《みやこじまきゅうきうたきゆらいき》』などに見える古意角《くいつの》の神話は、天帝より授かった天の岩戸の尖先を海中に投じ、その石が凝り積って島となったこと、および天帝がさらに赤土と黒土とを島に投じたことが語られる。

『伊呂波字類抄《いろはじるいしょう》』に見える竹生島の縁起によると、昔、浅井姫という女神が海中（琵琶湖）に下り、水沫《みなわ》を凝らして磐とし、風塵を積んで島を造り、諸魚を召して重い石を運ばせ、諸鳥を召して木種《こだね》を落とし植えさせたという。近江は古く海人の移住した地であるから、そうした南方系の「創成型」の断片を伝えたのであろう。サモアやトンガなどの「創成型」には、鳥が使者として活躍する話が多い。

松本信広氏が、日本の開闢神話を、南方系の「進化型」と「創成型」の二種の結合形であると考えられたことは著名である（『日本神話の研究』）。私もかつてポリネシアの「創成型」の主役であるタンガロア神と、その妃のヒナ女神の機能・内性と、イザナギ・イザナミのそれとの間に、幾多の共通要素があるのを発見し、それらの文化的親縁関係を想定した（『日本神話の新研究』）。

タンガロアとヒナは、タヒチの一伝では、大海原にある堅い岩を土台として、天地や万物を造り、神々をも造ったと語り、またこの二人は父娘相姦《おやこ》によって人間の祖先ティーを生んだと語っている。タンガロアは一般に天神・創造神とされるが、またサモアやタヒチでは、太陽神の面を有し、太陽の中に住み、光り輝く長い髪の持主とされている。ヒナはその娘で同時に妻であるが、「若水《わかみず》」のもたらし手であり、月に住む存在とされている。人間の「死」の起源も、この女神に帰せられている。

イザナギも、『日本書紀』の一書では、「日の少宮《わかみや》」に住み、太陽的要素もないではない。この神を祀る近江の多賀神社の祭神が、『日本霊異記《にほんりょういき》』に、その正体を白猿だとされているのは、猿を太陽神に関係ある動物と考えた古代信仰から出たものである。日吉の山王《さんのう》信仰や日光の二荒山《ふたらさん》縁起などには、猿と太陽との結びつきがよく表われている。また東南アジア、インドネシア、沖縄などの創世譚には、日神が海中から国土を造り出す話が多い。

イザナミの月神的要素は、表面にはほとんどなくなっているが、ヒナと同じく人間に死を与えた存在とされている。ヒナは絶えず「死んでは復活する」（欠けたり満ちたりする）存在として、時として老人に若水を与えて若返りさせたりするが、また時に人間の「月のように絶えず復活ないし若返りをし、永久に生きたい」という願いを却《しりぞ》け、「人間は死すべきだ」という命令を出した女神だともされている。世界的な分布の、「月の不死と人間の死の由来」の物語の主人公なのである。この一変相としての、ニュージーランドの「夜」の女神ヒネ・ヌイ・テポが、自殺して冥府の女神となったとき、冥府まで訪ねてくれた大（同時に父親）である夕ネに向かい、「あなたは現《うつ》し世《よ》に帰り、日光で人間を殖やし育てなさい。わたしは冥府に留まり、これを闇と死に引きこみます」と言ったという神話は、イザナギ・イザナミの黄泉平坂の生死問答とあまりにモチーフが似ていて、これもイザナギ神話の「南方的性格」を論ずる徴証の一つとされている。

こうして見ると、イザナギ・イザナミの神話は、最初の「進化型」の開闢譚から、「創成型」「国生み譚」などを含めて、ポリネシアに多くの類似点が見出されている。しかし、このことは、日本とポリネシアとが、なんらかの直接な文化交流や交渉があったことを意味するのではない。ポリネシア文化の母胎は、東南アジアのどこかであろうということは通説になっているから、これらの説話の真の原郷・母胎は、やはり東南アジアであろうと思われる。ただ現在ではまだそれらの説話群がまとまった形で、東南アジアで発見された例はない。今後の調査の課題であろう。

5　オノゴロ島の意義

前節で論じたように、ポリネシアの「進化型」や「島生み型」の創世譚の基本的観想は、「原古の岩」の観念であった。「原古の岩」は、国土・万物の発生する母胎であり、これがパパであるが、宇宙の中心でもあったのであろう。古代のエジプトの神話に出てくる「原古の丘」は、太初に大海原に出現し、アトゥム神の万物創造の場であり、宇宙の聖なる中心でもあるとされた。ポリネシアの「原古の岩」も、そうしたものであったらしい。

ところが一転すると、この「万物の母胎としての岩」は、創造神自身とは切り離されて、創造神がこの「原古の岩」の上で、万物を作ったり、その上で聖婚したりする説話となるのである。つまり「原古の岩」の観想に、天神が国土を作るという「創成型」の観想が加わると、神がこの岩を舞台として、創造行為を行なうような説話となる。前に掲げた、タンガロアとヒナとが、海中の巨岩を舞台として、天地・万物を作ったというタヒチの説話も、そうした岩なのである。

私は日本のオノゴロ島の神話が、この「原古の岩」にあたるものであろうと考えている。オノゴロ島は、イザナギが最初に海中を矛で探って作り出した神話的な島であり、その名義も、潮が「自《おの》ら凝《こ》る」という意味の神話的名称に過ぎないのであるが、いずれにせよ、最初の島であり、ここを舞台として、二尊は結婚や国生みを行なっているのである。

この島に関して『書紀』の一書の八には、奇妙な説話がある。それは、二神の国生みの舞台であったはずなのに、このオノゴロ島をイザナミの胞《え》として、島々を生んだと語る伝承である。ここでは、胞衣《えな》は、淡路島ではなく、オノゴロ島である。胞衣は前に述べたように、母胎の象徴ともいえるものであるから、これこそ母神イザナミが島々や万物を生み出すためのものである。

『古事記』では、オノゴロ島の上に天御柱《あめのみはしら》を立てたように描いているが、『書紀』本文では、オノゴロ島そのものが「国中の柱」であると見なされ、それをまわって聖婚を行なうのである。『釈日本紀』に引く『日本書紀私記』によると、「国中の柱」とは宇宙の中央の柱の意味であるという。

してみると、オノゴロ島は、イザナミ女神の母胎の象徴でもあるとともに、国土や万物の生成の場でもあり、同時に世界の中軸でもあるとされている。エジプトの「原古の砂丘」やポリネシアの「原古の岩」と同じものであろう。つまり一種の「宇宙軸《コスモロジカルアクシス》」なのである。天御柱の宇宙論的解釈は、古くは白鳥庫吉氏が論じ(『神代史の新研究』)、最近ではドイツのナウマンも指摘し、また著者も別にいろいろと考察した(『日本神話と古代生活』『古代伝承と宮廷祭祀』)。

オノゴロ島は、もと神話的な「原古の岩」であったから、実在の島の名ではなかったが、これが淡路の海人らによって定着すると、淡路付近の特定の島がこれに当てられるようになった。『古事記』に見える、仁徳天皇の御製と伝えられる歌に、

おしてるや　難波の崎よ　出で立ちて　わが国見れば　淡島　おのごろ島　あぢまさの
島も見ゆ　さけつ島見ゆ

と歌われている。この歌は、土橋寛氏の説くように、難波に都をした実際の帝王の行なった国見の歌であろう。してみると、四世紀末から五世紀初めの難波朝時代には、この島は淡路

の近くの島だと考えられていたことを示している。

淡路西南の沖の沼島《ぬしま》とか、紀淡海峡の友ヶ島とか、岩屋近くの絵島《えじま》とか、いろいろな候補地が、古来挙げられてきたが、そのうち『新撰姓氏録《しんせんしょうじろく》』に見える友が島説は、かなり有力視されている。仁徳の歌にある、「難波の崎」から望見できるオノゴロ島もこれらしい。友が島は、三つの島からできているが、オノゴロ島はその中の沖ノ島であろうといわれる。ここは中世以来、修験の霊地とされ、奇岩怪石や岩窟も多く、古代でもおそらく淡路の海人らの聖地であったのであろう。

オノゴロ島が女神自身の胞衣であるということから転じて、そこは単なる分娩の場だと考えられるようになると、胞衣はまた別の島が当てられる。淡路島自体がこれに当てられるようになるのであろう。淡路人にとっては淡路島は彼らの世界の中心であった。

天御柱《あめのみはしら》を立て、天の八尋殿《やひろどの》を建てる話は、鈴木重胤も説くように、神殿を立て、その中央に忌柱《いみばしら》を立てることである（『日本書紀伝』）。天御柱とは、中国古典に見える天柱と同じく、天を支える柱のことであるが、現実にはこれを象徴する祭儀用の柱、すなわち忌柱のことである。これは建物の中央にあるばかりでなく、祭りのさいは、一時、俗的な時間・空間を脱して、原古の時の天地の中軸となると信じられた。

後にも述べることであるが伊勢神宮の内・外宮の正殿の床下の中央にある聖なる柱、すなわち忌柱は、心御柱《しんのみはしら》とも天御柱ともいい、天地の中央にあって、陰陽和合の基となる存在であると考えられていた。社殿の成立以前、神鏡奉斎以前の古い神体であったのであろう。古代にはこうした聖なる柱やヒモロギの前で性的神事が行なわれたこともあったかもしれない。実際に、後世の神社の田遊《たあそび》神事や御田《おんだ》祭《さい》の行事には、翁《おきな》や媼《おうな》、あるいは天狗ないしサルダヒコとオカメなどの共寝の所作が残っているところが少なくない。これらは神の結婚の儀礼的表現であろう。その後で娠み女の出産の所作があり、腹から太鼓、米袋、男根形のヨナボ（米穂）人形などを取り出すなどは、神の性行為による穀物の生産を表わしている。こうした祭祀儀礼は、古いイザナギ・イザナミの神婚と、それによる多くの神々の誕生の神話を思い起こさせる。

　エリアーデが論じているように、こうした祭りが行なわれる間は、その祭場は一種の「小宇宙」となり、その中央柱は、一時的に神霊の昇降する天地の中軸となっていると信じられた（前田耕作訳『イメージとシンボル』）。後世にこうした忌柱の上に社殿ができ、別に神体ができて、奉祀されても、伊勢神宮の心御柱のように、なお供饌《きょうせん》が行なわれたり、後世まで宇宙軸の象徴だとするような信仰が残ったのであろう。

　イザナギ・イザナミの天御柱めぐりの話が、厳《いかめ》しい皇祖神の両親の所作であるにかかわらず、すこぶる素朴で平和な、田園ムードに満ちているということは、驚くべきことである。「なりなりてなり余れるところ」と「なりなりてなり合はざるところ」との問答も、すこぶる素朴なエロティシズムがあふれる。性交を鶺鴒《せきれい》に教わったという『書紀』の一伝も、民間のフォークロアから来た話である。

実際に、このイザナギ・イザナミのオノゴロ島の上での結婚の類話は、東南アジア、インドネシアに広く分布しており、みなこれが人間の祖先ないし部族の祖先の伝説となっている。洪水によって人間が死滅し、生き残った兄妹が、近親相姦《インセスト》の結婚を行なって子を生む。最初方法を誤ったために不完全な子を生むが、呪的儀礼を行ない、今度は健常な子を生み、種族の祖先となる。こうしたタイプの話が、台湾、インドネシア、東南アジア、中国西南部などに広く分布し、それがイザナギ・イザナミのモチーフと一致する点が多いことは、松本信広、岡正雄その他、幾多の学者によって指摘されている。台湾のアミ族の洪水をのがれた兄妹が、結婚して最初に生んだ児は、蛇や蛙などであったので、豚の供犠《くぎ》を行ない、人間の男女を生んだというのもその一例である。苗《ミャオ》族や傜《ヤオ》族に分布する、瓢簞に乗って洪水をのがれた伏羲《ふくぎ》と女媧《じょか》の兄妹が、結婚して始祖となる説話は、二尊の神話に酷似している。最初に生まれた子が目も鼻も口もない子であったと語る点なども、ヒルコと似ている。ことに広西省融県羅城《ゆうけんらじょう》の傜族のそれでは、兄妹は一本の大木をまわって結婚するという点で、天御柱めぐりと類似している（袁珂『中国古代神話』）。

また鶺鴒に性交の道を学んだとする『日本書紀』の一書の伝承は、海鳥や鶺鴒、バッタなどに、最初の男女が教わったという、沖縄や台湾などに分布する伝説と同系のものであろう。してみると、イザナギ・イザナミは、ここでは「創造神」というより、人間の始祖の男女である。

国生み神話は、二種の系統の説話が結合してできたものである。すなわち、巨人的な創造神の国土創成譚と人類の始祖となった人間の兄妹の伝説とである。東南アジアやオセアニアの類話は、めいめい別の説話であるから、日本のそれも、もともと別々の伝承だったのであろう。

淡路島のイザナギ神宮の現在の本殿は、明治以後のものであるが、それ以前では、今の本殿地のところに、芝地と石積みがあり、これが禁足地となっていて、これを神陵と呼んでいた。現在でも、本殿の床下には神聖な石積みがあって、社殿以前の面影を残している。

これが『書紀』に言う、淡路島の「幽宮《かくりのみや》」なのであろう。つまり一種の終焉《しゅうえん》の地で、石積みは墓地を表わすのであろう。イザナミも、前に述べたように、熊野の有馬村や出雲の比婆の山に「神陵」を持つ存在である。つまり、両者ともに「墓」に埋葬されたと伝えられる存在である。

古くは、神は決して墓には葬られず、神社に祀られ、反対に、人間の英雄は神社に祀られず、墓に葬られる存在として、峻別されていた。イザナギ・イザナミも、淡路では、最初は「墓」に葬られる人間的存在として考えられていたのかもしれない。これがいつのまにか、「島の神」となり、さらには「創造神」の役割をも兼ねるようになったのかもしれない。

大林太良氏が司会を務めたシンポジウムで、伊藤清司氏はじめ諸家が一致して述べているように（『シンポジウム　日本の神話　1　国生み神話』学生社）、イザナギ・イザリミ神話の原型が、淡路島の海人の間に語られていたころは、単に国生み神話ばかりでなく、現在記紀に記されている黄泉国神話、禊祓神話などの形よりもずっと素朴な冥界譚や、禊祓の説話が、イザナギ・イザナミの生涯として語られていたに違いない。それは、彼らの族祖の生から死までを含めた教訓物語として、彼らの祭りや、若者たちのイニシエーションの秘儀のさい、司祭や長老、あるいは氏族の長などから、語られたのかもしれない。

6　黄泉国神話の陰惨化

黄泉国の説話の現在の形は、この説話が畿内各地に伝播してから後に、タマフリ呪術の信仰とか、大陸系の霊鬼譚とか、道饗祭《みちあえのまつり》とか疫神《えきじん》信仰とか、いろいろな要素を取り入れたため、変容を受けた形であるが、それらを含まない素朴な説話が、「鎮火祭《ほしずめのまつり》祝詞《のりと》」に見られる。

そこでは、火神ホムスビを生むにあたってイザナミが岩窟に隠れたのを、夫のイザナギが、禁制をおかしてその産室を覗き見たので、イザナミは恥じて下津国《したつくに》に行くのである。この形は、トヨタマヒメの神話や、後世の「蛇女房」の昔話に見えるような、「他界女房型」の説話である。イザナギ・イザナミ神話は、動物的な色彩は現在ではあまり見えないが、イザナミの死体に八種の雷神が誕生していたという記紀の伝承には、古く雷神が蛇体と観じられたという信仰を背景にして、竜蛇的な形が根底になかったとはいえない。神名のナギ・ナミという語も、蛇体を表わすオーナガ、オーナギ、ナミサオ、ナブサ（いずれも青大将を呼ぶ方言）などの語や、「垂仁紀《すいにんき》」の蛇体のヒナガヒメの名などから、「蛇体」を表わす語であるという一説もある（高崎正秀『神剣考』）。してみると、イザナミの正体が蛇体であり、御子を生む姿を見られたので、妻別れになるというモチーフがあったらしいことがわかる。『書紀』の一書によると、トヨタマヒメの産屋を、夫のヒコホホデミが、櫛に火を点じて覗き見ると、トヨタマヒメが大熊鰐《おおくまわに》になっているのである。イザナミの正体を櫛に「一つ火」をともしてのぞく話と似ている。

この鎮火祭の祝詞は、火神ホムスビの出現の由来を語り、火神が荒びて火災の厄難がおこるのを防止する、いわば火伏せの祭文である。この祭りは『神祇令《じんぎりよう》』の「義解《ぎげ》」によれば、宮城四方の外郭において、卜部《うらべ》らが火を鑽《き》って行なう防火の祭りで、旧六月と十二月の晦日《つごもり》に行なった。

この祭りとイザナミが結びついたのは、本来的なものとはいえなかろう。たぶん火神の素性由来を述べ立てる卜部の呪言《じゆごん》の中に、当時の海人族の創造神イザナギ・イザナミの有名な神話を取りこんだのに過ぎまいが、それにしても、この結びつきはすでに『書紀』の一書の伝えに表われている。すなわちイザナミが、ホムスビを産むとき、焼かれ神去《かむさ》りました（亡くなった）が、その時に、水神ミヅハノメと土神ハニヤマヒメ、および天吉葛《あめのよさずら》を生んだという。

鎮火祭の祝詞《のりと》でも、ホムスビの荒びを鎮めるため、いったん黄泉平坂《よもつひらさか》まで行ったイザナミは、もう一度地上に戻って、水神、匏《ひさご》、埴山姫《はにやまひめ》、川菜《かわな》の四種を生んだという。アメノヨサヅラは匏《ふくべ》のことであるから、この二種の説話はほぼ同系の説話であろう。この祭りでは、鑽り出した火に、匏で水をそそぎ、海藻や土をかけて消すというような呪術的な作法があったらしい。『書紀』の一書にこの思想が出ているのは、この祭りとの結びつきが、古いものであることを示している。

都城の四角《よすみ》で、防火の祭儀を行なうというような形は、もちろん七世紀中葉以降律令体制下のものであり、火災の恐ろしさが、切実に感じられる都城の人士の間の産物であるといえようが、私はその萌芽的なものは、比較的初期からあったように思う。

淡路島に近い所として、目と鼻の先の対岸の紀伊名草郡（現海草郡）に、鳴神《なるかみの》社《やしろ》と並んで香都知《かぐつち》神社の名が『延喜式』神名帳に見える。この辺は、古代に良材が産した地方で、有名な樹木神イタケル、その妹オホヤツヒメ、ツマツヒメ（いずれもスサノヲの御子）を祀る式内名神大社の伊太祁曾《いたけそ》神社、大屋都比売《おおやつひめ》神社、都麻都比売《つまつひめ》神社の三社も、その付近にあった。古代の大和朝廷に、その材木で種々の神宝や矛楯《ほこたて》などを作り、また宮殿を建てて奉仕した、紀伊国忌部の根拠地、忌部郷《いみべのさと》はこの付近であった。鳴神社、香都知神社は、ともに忌部郷に近い鳴神山の麓にある社で、ともに雷神を祀る社であったらしい。

カグツチを祀る式内社は、数は多くないが、そのいくつかは雷神であることに注意しなければならない。この火神を祀るといわれる丹波桑田郡の阿多古《あたご》（愛宕）神社の神も、古来、火伏せの神として名高いが、『三代実録』には「丹波国阿当護山《あたごさん》無位雷神・破无《はむ》神」として神階授与がある。ハム神も、ヘミ、ハモ、ハブなどという語を見てもわかるように、蛇神を表わす名である。伊豆田方郡の式内火牟須比命《ほむすびのみこと》神社も、俗に雷電宮と称しているという。カグツチが「神武紀」に厳香来雷《いつのかぐつち》という字を当てられているのも、雷神的内性を考慮してのことであろう。

おそらく、古代には樹木の生産が豊かな地方では、雨水が潤沢になるように、また反対に雷火によって山林が焼亡することのないように、火と水の神である雷神に、祈願したのであろう。ことに、宮廷に用材を献上する忌部集団にとっては、この雷神に火伏せの祈願をすることが、最も必要事であったに違いない。同じ名草郡に、やはり式内名神大社の静火《しずひ》神社があるのも、やはり鎮火のためであることは、鈴木重胤なども説いているところである（『日本書紀伝』）。

紀伊にはこの名草郡に接して海部郡があり、両郡とも海人の根拠地として知られる。淡路海人の手によって対岸の紀伊海人の間に伝えられたイザナギ・イザナミの崇拝および神話は、山林の火伏せの信仰と結びついたのであろう。イザナミは、いつのまにか、暴れ狂う火神・雷神の統御神のように考えられるに至ったのであろう。その伝承が朝廷に吸い上げられた時期は、六世紀中葉ごろであり、紀伊忌部の成立と関係しているように思われるのである。

カグツチの誕生と、その殺戮《さつりく》そのものは、おそらくその素朴な原型が、淡路島の海人間でも語られていたのであろう。これはたぶん鑽《きり》火《び》の由来譚が素材となっており、イザナギを奉じる海人の火祭り行事などに語られたものなのであろう。『書紀』の一書の八に、カグツチを斬った血が、ほとばしって岩石や樹草に染みた。これが「草木沙石が自ら火を含める縁」であると記されている。寸断された火神の血はおそらく火の子であり、これが石や木の中に入ったから、これらを摩擦すれば、火が出るのだと語っているのである。世界のいろいろな火の起源説話の中で、最初の火が、木や石に入りこんだため、これらをこすると、火が出てくるのだと説明する話は非常に広く語られており、火鑽り具の由来話となっている。これもその一つである。

ことに、ポリネシアなどの最初の火の持主は、地下の冥府にいて、体の各部に火を含んでいる女神マフイカであり、これから英雄マウイが火をもらい、もしくはこれを殺して火を奪い、現世に火をもたらすのであるが、このマフイカは火山神であるといわれる。体を寸断されて、多くの山津見《やまつみ》が誕生するカグツチや、体から火を生んで死ぬイザナミの内性に、そうした火山神的要素がなかったとはいえないが（松前『日本神話の新研究』）、そうした自然神話的要素が、火山のない瀬戸内海付近の海人の伝承では、ほとんど薄くなったことは、事実であろう。

二尊の黄泉国の話の原型は、一つは前に述べたように、ポリネシアのタネとヒネの神話のような、一種の「月と人間の死の由来」譚から出、また一つは「他界女房」譚から出ているのであるが、現在の形は、畿内に入ってからの種々の要素の混入を含んでいる。

イザナミの冥界譚と、後世の御霊《ごりよう》信仰とは、幾多の共通点が存在することは、注意しなければならない。イザナミの死体に数多くの雷神が生まれ、これらの雷神や黄泉醜女《よもつしこめ》などのような冥府の悪霊が、これを統御する黄泉大神《よもつおおかみ》イザナミに率いられ、恐ろしい勢いで追跡したという話は、奈良朝末から平安初めにかけて盛んになった、怨霊の祟りを恐れ、これをなごめるため、威力のある統御神を祭るという「御霊信仰」と共通な思想が感じられる。

悲劇の女主人公であった井上内親王とか、藤原時平《ときひら》に讒言《ざんげん》された菅原道真《すがわらのみちざね》などの怨霊が、雷神や蛇体となって祟り、また冥府の悪霊の統御神となったという伝承は有名であるが、イザナミの黄泉国の物語に、その思想が出ているのは、非業の死をとげた女神の悪霊が雷神となって祟るという、「御霊信仰」の萌芽的なものが、すでに記紀以前に、畿内におこってきていたことを表わしている。その時期は、七世紀後半の律令制以後のことであろう。

同じ冥府でも、オオナムチの出かけた根の国は、黄泉平坂があるとはいっても、陰惨ではなく、宮殿があり、スセリヒメのような美姫もいて、現世と変わりない明るい世界であるのに対して、死体が腐れ爛《ただ》れて、ウジがわき、悪鬼・雷神がわだかまる陰惨なイザナミの黄泉国は、あまりにも対照的であるが、その相異は、前者が出雲地方の素朴な他界信仰をそのまま残しているのに対し、後者は、御霊信仰や疫神信仰などの陰惨な色彩で塗られてしまったからであろう。

イザナギの次々と投げたものが、みな障害物と化して、追跡する雷神や黄泉醜女をはばんだという、黄泉平坂での話は、いわゆる「呪術逃走型」と名づける世界拡布型のモチーフであるが、この説話の語る世界は、みな「恐怖すべき陰惨な世界」である。この話根が付着したのは、したがって淡路付近ではなく、この話が陰惨化した畿内であったろう。『古事記』の桃を投げた話は、桃が邪気をはらい生を招く果実だとする、中国や朝鮮などの俗信から出た話であろう。

黄泉平坂に、イザナギが大岩を置き、道反《ちがえしの》大神と名づけたという話は、道饗祭《みちあえのまつり》の行事とも関係し、道祖神《どうそじん》の信仰とも関係してくる。古代においては、村境、峠、坂、川の橋のたもとなどに、石の神をまつり、外から村に入ってくる悪霊や疫鬼などを防ごうとした。あらゆる罪穢《つみけがれ》、災厄、疫病などは、死者の国である根の国・底の国からやってくるものと信じられたから、村境に立つ塞《さえ》の神、道祖神は、こうした禍事《まがごと》を撃退し、もとの底の国に追い返す威力を持つと信じられた。道反大神という名は、こうした悪霊を道の途中で追い返すという機能から出た名である。『延喜式』の「道饗祭祝詞」はそうした塞の神の祭りである道饗祭に唱えられる祭詞であるが、この祭りは、『令義解《りようのぎげ》』によれば、やはり卜部らが京城《けいじよう》の四隅の道の上で祭り、鬼魅《きみ》をして外から京師《けいし》に入らしめないようにと、路上でこれを饗し、とどめる祭りであるといい、前述の鎮火祭と同じ日に行なったのである。

『書紀』の一書の伝えでは、イザナギは追っかけてきたイザナミに向かい、「ここから過ぎるな」といい、持ってきた杖・衣・褌《はかま》・履《くつ》などを黄泉平坂に投げすて、それらがそれぞれ岐神《ふなどのかみ》・長磐神《ながちわのかみ》・煩神《わずらいのかみ》・開囓神《あきぐいのかみ》・道敷神《ちしきのかみ》と化したという。これらはみな道祖神、および疫病の神である。後世の道祖神も、ゾウリやワラジ、衣料、リンガ状の棒などを供えて、病気の平癒や旅の安全を祈っているが、古くからそうした風習が民間にはあったらしい。黄泉平坂でイザナギがいろいろな装身具を投げ、それらが道祖神や疫神になった話は、手向けの風習の由来話である。

これらの装身具を、アハギ原の禊祓《みそぎはらえ》で投げ捨てて、それらが道祖神や疫神と化したという『古事記』などの伝えは、海岸でのことだけに、やや変則的な感じがする。坂と道祖神と幣《ぬさ》との関係ならば、最も自然な関係である。

イザナギ・イザナミ神話が、こうした道饗祭と結びついて語られるようになったのは、いつごろであるかは不明であるが、『令』の規定に道饗祭は見え、また『続日本紀《しよくにほんぎ》』に、奈良時代に、疫病防止のため盛んに道饗祭、疫神祭を、諸国に行なわせている記録を見ると、これも奈良朝よりやや前、七世紀後半白鳳期前後であろうと思われる。この結合は、おそらく畿内のどこかでであろうが、もしかすると、大和の都城においてであったかもしれない。同じ官人の卜部が同じ日に同じ場所で、イザナミの登場する「鎮火祭」の祝詞とその祭事を行なうのであるから、イザナミの信仰が、道饗祭にも影響して、そうした神話を作り上げたのかもしれない。

いずれにしても、最初海洋的色彩に富み、明るい他界であったイザナミの死の国は、道饗祭や疫神祭、御霊信仰などの影響を受けて、しだいに陰惨な疫鬼の集まる地下の冥府となり、海洋性も喪失していったのであろう。黄泉平坂を、出雲のイフヤ坂と同一視するという『古事記』の説なども、そのころの産物に過ぎないのである。

イザナギ・イザナミの黄泉国の神話の形成に、もう一つ影響を与えたのは、古代におけるシャマニックな鎮魂《たまふり》の信仰である。古代には、人間の霊魂はしばしば体から遊離して飛び去ったりすると信じられていた。霊魂が去って長時間も帰らないと、本人は病気に罹《かか》り、ついには死ぬと信じられた。霊魂は、時には冥府の悪神や邪霊や死霊などに誘拐されることもある。その場合には、巫《みこ》や呪医《じゅい》が頼まれて神懸《かみがか》りになり、巫の霊魂が冥府にまでも出かけて、病人の魂を取り戻し、多くの冥府の邪霊や亡霊と、壮烈な闘いと追跡を演じ、首尾よく現世に戻り、その魂を病人の体に入れてやるのである。

そうした招魂儀典は、モンゴル、シベリアから北アメリカの北西部先住民などのシャマニズムの宗教には盛んに行なわれている。こうした地域の「冥界訪問譚」には、妻や夫を冥土に連れ戻しに行く話が多く、シャマニズムの儀礼と結びついていた。

日本の古代にも魂を取り戻す式は知られ、鎮魂とか招魂とかの語が当てられ、これをタマフリとかタマシヅメとか訓《よ》んでいた。大和の石上神宮《いそのかみ》の鎮魂は、特に有名で、物部《もののべ》氏の祖先ニギハヤヒが、天神から授かった各種の玉、鏡、剣、布などからなる十種の天璽瑞宝《あまつしるしのみずたから》を打振ると、死者でも生き返ると伝え、これを「ふるの言《こと》の本《もと》なり」と、『先代旧事本紀《せんだいくじほんぎ》』は語っている。

沖縄には、このようなタマフリは民俗として残っている。魂《マブイ》が抜けた病人に対して、巫女《ユタ》が招かれ、「魂《マブイ》ごめ」を行なうが、そのときすでに病人の魂が御所《ぐしょー》（冥土）の食物を食べていると助からぬという。まさに、イザナミがヨモツヘグヒをしたために、黄泉の体になったことと同じである。沖縄や薩南諸島には、妻の魂を求めて御所に行き、その王から魂を返してもらい、本人を復活させる話が多い。

日本の古代には、このタマフリを、死体がまだ埋葬されず、仮の殯斂《もがり》の小舎に置かれている期間に行なったらしい。これを行なって蘇生しなかったなら諦めるのである。『日本霊異記』を見ると、このモガリの期間に、いったん地獄に行って戻って来、蘇生した話が多い。

イザナギ・イザナミの黄泉《よみじ》下りも、そうしたタマフリの呪法と、おそらく結びついている。『書紀』の一書の伝えに、この話の舞台が黄泉の国ではなく、殯斂の所であったという話がある。戒めを忘れて火を点じて覗き見、死体となってしまうという話は、もともとこうした儀礼の際に守るべきタブーの由来話なのであろう。「仲哀《ちゅうあい》紀」に見えるように、変死者に対しては、古代には无火殯斂《ほなしあがり》といい、灯火を焚かないモガリの儀礼を行なったらしい。

7　禊祓神話とイザナギ神話の形成

　闇黒の黄泉の国から帰ったイザナギが、九州の日向《ひむか》の橘《たちばな》の小門《おど》の阿波岐原《あわぎはら》で、水中に禊《みそぎ》をし、マガツヒとナホビの善悪の神および三種のワタツミ（海神）と三種のツツノヲ（航海の神）を生み、さらに両眼と鼻から、日・月・素戔嗚《すさのお》の三貴子が生まれるのであるが、これももとは、日向の海岸が舞台であったのではなく、淡路島の付近の海岸が舞台であったのであろう。

『書紀』の一書に、黄泉の国から還ったイザナギが、最初に行ったのは粟門《あわのと》（阿波《あわ》の鳴戸《なると》）および速吸名門《はやすいなと》（豊後水道）であるが、両方とも潮流が激しすぎるので、禊ができなかった。最後に橘の小門で、これを行なったという。しかし、イザナギの崇拝圏は、前に述べたように、淡路、播磨、摂津、大阪湾沿岸、紀伊、大和、伊勢、近江など、近畿一帯であって、九州には存在しなかった。その神の崇拝の痕跡がないところに、その神話が生まれるとは考えられない。

　イザナギの本来の禊の地は、国生みを行なった、その神の崇拝地淡路島付近であったはずである。これが後に日向の阿波岐原とされたのであろう。むしろ最初の禊の候補地であった阿波の鳴戸こそ、本来の舞台だったのではあるまいか。

　日向の橘の小門という地名は、神功《じんぐう》皇后の託宣の中に出てくる住吉の三神の故地である。住吉三神とは、津守《つもり》氏が奉じていた三柱のツツノヲである。この神は『書紀』によると、皇后に憑《の》り移り、「日向の橘の小門の水底《みなそこ》にゐて、水葉《みずは》も稚《わか》やかに出でゐる神」と名乗りを挙げている。『古事記』によると、この託宣のときが、この大神が初めて世に名を顕わしたときであるという。神功皇后がはたしてそのような託宣を行なったかどうかは歴史学的には疑わしいが、この神託の語は、「神風の伊勢の国の百伝《ももつた》ふ度逢県《わたらいのあがた》の、拆鈴《さくすず》の五十鈴宮《いすずのみや》に居る神」などという、すこぶる荘重な律文調の語から成り、まったくの架空の作り話とは思えない。

　こうした神託の語が、後世の民間の巫女《みこ》のお筆先のように、古く住吉大社に伝わっていたのを、後世にそのヨリマシの巫女を、応神の母としての神功皇后と同一視し、皇后の神託の語としたのであろう。この神託の中にある「日向の橘の小門」ということばが、住吉のツツノヲの神の誕生の地として考えられるようになり、これがのちにイザナギが禊のさいに、ツツノヲを生み出した海岸の名であると考えられるに至ったのであろう。イザナギの神話に出てきた地名だったから、神託の語に出てきたのではない。実は逆である。

「日向の橘の小門」というのは、おそらく巫女が神懸りをしたときに発する神話的な名で、決して実在の地名ではない。日向とは、朝日・夕日の照らす聖地を指す普通名詞であり、古代にはその語を冠する地名や、神社名も少なくはなかった。橘の小門は、「橘の実る地の海峡」を意味する。橘は、『古事記』のタヂマモリのカグノコノミの話に見るように、一種の霊果と考えられていた。住吉大神は、古くは、「朝日・夕日の照らす、不死の霊果の実る聖地の海底」に眠っていた存在である、とする、巫女の幻想から出た表現に過ぎなかったものが、後に九州の日向の国のどこかの海岸を指す名であると、地理的に比定されるようになったのであろう。

イザナギが禊の舞台として九州の日向を選んだ理由は、淡路のイザナギの崇拝と、摂津の住吉の神の崇拝とが、海人の媒介により、結びつき、両者が系譜的に親子関係とされるとともに、住吉の古い託宣に出てくる神話的な地名の「日向の小門」が、「イザナギがツツノヲを生んだ日向の国の禊の地である」という風に解釈されたことによるのである。したがって、もしこのツツノヲの託宣がなければ、イザナギが、わざわざ九州まで出張するような筋はなかったであろう。

イザナギ・イザナミの神話は、最も素朴な形としては、その国生みも、イザナミの死と黄泉下りも、禊も、みな淡路付近を舞台として語られたのであろう。これにいろいろな要素が入り込んできて、出雲とか日向とかのような遠隔な地が舞台に引き出されたのである。したがってイザナギは、あらゆる活動を終えてから、「淡路の幽宮」に永久に隠れ仕んだのである。

日月二神が、この同じ海岸の禊から誕生したという話も、もともと淡路付近の海岸が舞台であったのであろう。『日本書紀』の本文では、日月二神の誕生は、『古事記』に見えるような、イザナギの禊のさいではなく、イザナギ・イザナミの国生みに続いて、イザナギ・イザナミの子として生み出されている。この伝えでは、ヒルコもこのときイザナギ・イザナミの子として生まれるが、天磐楠船《あめのいわくすぶね》に載せられ流し棄てられ、またスサノヲも続いて生まれている。このさいのヒルコは、別に「女人先唱」の咎《とが》によって生まれたのではなく、偶然の誕生である。

この伝承では、この三貴子とヒルコの出生地は、当然オノゴロ島もしくは淡路島付近である。そしておそらく、日月二神は、皇祖神のアマテラスとその弟のツクヨミではなく、淡路の海人の奉じる固有の日月神であったろうし、また出雲のスサノヲもここには、最初は登場しなかったし、ただ淡路固有の太陽の子ヒルコだけが語られていたのであろう。ヒルコとスサノヲとが、とかく混同されていることは後述する。

アマテラスとイザナギ・イザナミとの親子関係は、決して本来的なものではない。イザナギの崇拝の母胎地である淡路島には、アマテラスは祀られておらず、またイザナギは、宮廷には祀られなかった。したがってイザナギとアマテラスとの親子関係などは、淡路で生み出された系譜ではなく、また宮廷でイザナギを皇祖神の親とする信仰が、古くからあったとは思えない。

アマテラスが皇祖神となったのは、それほど古い時代ではなく、七世紀になってからであり、大和朝廷が伊勢からこれを取り入れて従来の祖神タカミムスビを押しのけて、皇祖神にしたてたことによるものと考えているのであるが、イザナギ・イザナミをこのアマテラスの親神としたのが、さらにそれ以降の成立になることは明らかであろう。

大和朝廷の中核理念である「日の御子による国土支配」の淵源として語られた天孫降臨神話が、朝廷としては最も根源的な国家神話であるが、その話の原因として天石窟戸《あめのいわやど》神話が採り上げられ、さらにその原因として、万神の父母として、当時民間に広く尊崇されていたイザナギ・イザナミ二神が採り上げられたのであろう。

こうして見れば、この二神の神話が宮廷の神話体系に、現在のような形に組み入れられたのは、少なくとも天孫降臨や天石窟戸神話が現在の形に完成した七世紀中葉以降のことであろう。イザナギ・イザナミの社に対する朝廷の冷淡さも、この二神と皇祖神との血縁が、本来的なものではなく、かなり後世の「説話的設定」にすぎないことによるのである。

といっても、このことは、この二神の神話の素材そのものが、アマテラス神話より新しい時代の成立だということを意味しているのではない。その説話が全体の構成の中に組み入れられていった年代の新旧を問題にしているのである。素材が古い説話でも、朝廷の神話体系に組み入れられた年代は、意外に新しい場合がある。記紀の出雲神話などはその例である。

国生み神話も、東南アジアやポリネシアなどに類話が見えるのは、古い起源のものであることを表わしている。またこの説話が最初に朝廷に知られたのも、新しい時代であったとは思えない。淡路の海人と朝廷との関係は、難波朝時代にまで溯ることができるからである。大嘗祭《だいじょうさい》の卯《う》の日の神事に、召されて古詞を奏上する語部《かたりべ》の中に、淡路の出の者が二人いたが、もしかすると、この語っていた古詞は、国生みに関する神事歌ではなかっただろうか。

古代に天皇の供御《くご》を掌《つかさど》る宮廷の内膳司《ないぜんし》に奉仕した阿曇《あずみ》（安曇《あずみ》）氏が、難波朝時代にはもっと強大な軍事力、経済力を持ち、諸国の漁民集団海部《あまべ》の宰領《みこともち》をし、また水師を随えて朝廷の対韓遠征の推進力となったことは、記紀などに徴証できるところである。応神・仁徳の難波朝がまったく系統の異なる新王朝であり、この阿曇氏、津守《つもり》氏、依羅《よさみ》氏、穴戸《あなと》氏などの、海上勢力を背景とした新勢力であったらしいことは、金関丈夫氏をはじめ、幾多の歴史学者が論じてきたところである。

『日本書紀』「履中紀」の住吉仲皇子《すみのえなかつみこ》の叛乱に加担した阿曇連浜子《あずみのむらじはまこ》は、淡路の野島海人を部下としていたことを見れば、阿曇氏と淡路島とは古くから関係が深かった。奈良時代の天平《てんぴょう》十年（七三八）の『淡路国正税帳《しょうぜいちょう》』には、三原郡の人として安曇宿禰《あずみのすくね》虫麻呂《むしまろ》の名が見える。また『延喜式』によると、淡路の豪族凡連《おおしのむらじ》というのが淡路の海産物や鳥獣などを献上することになっているが、鈴木重胤によれば、この凡連は、阿曇氏の同族の「凡海連《おおしあまのむらじ》」であり、海人の統轄者であったろうという（『中臣寿詞講義』）。この阿曇連の祖神は海神ワタツミノミコトで、イザナギの子である。

してみると、この阿曇氏を通じて、淡路のイザナギの神話が、宮廷に知られるようになったのだという推定も、できないことはなかろう。私は、イザナギ神話は、最初は、いわば宮廷の台所から入ったのであって、表玄関から入ったのではないと考えている。

また津守氏なども、前に述べた住吉三神の託宣の「日向の橘の小門の水底」を、イザナギの禊の場と結合させるなど、イザナギ神話と多少の関係は持っていたらしいから、この氏族を仲介として、宮廷にイザナギ神話が知られる可能性はあったわけである。津守氏が大和朝廷と関係を持ってきたのは、神功皇后のときの住吉大神の出現であると記紀は伝えているが、これもおそらく難波朝時代のことであろうと思われる。

こうしてみると、国生み神話が最初に朝廷に知られたのは、比較的に古い時代であったと思われる。国生みに登場する島々は、瀬戸内海の島々のほか、九州、四国、壱岐、対馬など、だいたい西国が中心であって、伊豆や蝦夷などの、東や北の島々が挙げられていないことや、筑紫国（九州）の中に、仲哀以前にしか用いられない熊曾《くまそ》（後には隼人《はやひと》という名を用いた）という名が出てきていることなど、朝廷での、古い素朴な時代の世界像を表わしている。しかしこの国生み神話が、現在の形のような、開闢神話の序幕として置かれたのは、たぶん新しい時代であろう。

この二神が皇祖神の親神とされるような大きな地位を与えられたのは、比較的後世であるから、政治的な圧力をかけて、こうした形にした豪族があったとは思えない。阿曇氏にせよ、津守氏にせよ、記紀編纂のころには、すでに昔日の力はなく、中臣《なかとみ》氏などの圧力をはねかえして、己れのゆかりの神を皇祖神の親神におし立てるほどの権勢があろうはずもなかった。この神をこんな形で採り上げたのは、海人族の間で創造神として知られ、民間的人気があったからであろう。

第二章　スサノヲ神話の形成

1　スサノヲの二重性の謎

日本神話における神格の中で、須佐之男《すさのお》ほど内性が複雑で、またその故に数多くの論議の中心となった存在は、他にはあるまい。明治三十年代の姉崎正治と高木敏雄の有名な論争をはじめ、昭和になってからも肥後和男、松村武雄、松本信広など日本神話を論ずる者で、この神の研究に手を染めないものはないといっても過言ではないくらい学界の関心は大きかった。極論すればこれが日本神話研究の出発点でもあると同時に、その解明が日本神話の謎をときほぐすための重要な鍵であるかもしれないのである。

この神は、高天原神話と出雲神話とをつなぐ橋渡しの役を果している存在であるが、それも両者の単なるメッセンジャーではない。高天原パンテオンでは、その最高支配者の皇祖神天照大神の弟として三貴子《さんきし》の一人とされているから、そのパンテオンの大立者であるが、また出雲パンテオンでは、この神はその王者である国作りの大神大己貴《おおなむち》の父神ないし祖神とされており、きわめて古い神格として語られている。つまり両面性を持っている存在である。

日本神話の世界像で、天上をすみかとする高天原パンテオンの神々、すなわち「天《あま》つ神」のグループと、地上の出雲国に主要な根拠地を持つ出雲パンテオンの神々、すなわち「国《くに》つ神」のグループがあることは、知られている。

国つ神というのは、天の神に対する土地の神で、広く諸国の山河に住む存在であるから、必ずしもすべてが出雲の神とは限らないわけであるが、記紀の神代巻《じんだいかん》では、彼らはしばしば出雲となんらかの関係を持ったり、出雲を舞台として活躍することが多い。大和の御諸山《みもろやま》にすむ大物主《おおものぬし》や葛城《かつらぎ》の鴨《かも》の八重《やえ》事代主《ことしろぬし》や味耜高彦根《あじすきたかひこね》など、みな大和地方の霊格であり、諏訪の建御名方《たけみなかた》は信州の国つ神であったが、みな出雲パンテオンの神々とされ、国譲り神話では大己貴の眷属《けんぞく》神として活躍している。これらの多くの出雲系といわれる国つ神群は、高天原系の天つ神群に対し、対立関係にあり、しばしば反抗しており、また後世にも皇室に対して祟りを行なっている。

こうした二つのパンテオンの対立の神話は、その一方が「出雲」という特定の地上的舞台を主要な根拠地としており、またそこに大己貴や須佐之男などの現実の崇拝が行なわれているということなどで、他の民族の神話にあるような、光明と闇黒、善と悪、正と邪、神と悪魔というような、単なる二元的世界観の表われであるというだけではすまされない複雑な歴史的、社会的事情を反映しているように見える。

この説明として、従来、天孫民族対出雲民族というような民族闘争説や、大和系氏族連合対出雲系氏族連合というような二大氏族群の対立説、あるいは支配貴族対庶民というような階級対立説とか、光明神対闇黒神の二元的世界観説とか、さまざまな解釈が生まれたが、実際には、出雲にかつてそうした政治・文化の中心があったという徴証は、考古学的にはほとんど無に近い。もちろん異民族などいたはずもない。古墳文化も畿内のそれの影響下に生まれ、それよりも遅く発生したと考えられている。

私は、むしろ宗教的な原因に求め、七、八世紀ごろ非常な勢いで、全国的に伝播・拡布していった出雲の巫覡《ふげき》たちの宗教活動、医療・禁厭《まじわざ》・託宣などによる布教、またそれによる出雲信仰圏の拡大が、このようなパンテオンを形成したのであり、それらの総帥・総本山ともいうべき出雲国　造《くにのみやつこ》のカリスマ的威力に対し、不気味なものものしさを感じ、宮廷的理念に対立する勢力のように考えたところに、そうした対立の神話が生まれたと考えている（『日本神話の形成』）。

しかし、それにしても、この出雲パンテオンの大立者である須佐之男は、記紀では、高天原パンテオンで暴行を働いたため追放されて出雲に降《くだ》った存在とされているのである。

したがってこの神の内性も、高天原におけるそれと出雲に降ってからのそれとでは、まったく違った性格として描かれている。高天原では、この神の泣くときは、「青山を枯山なす泣き枯らし、河海を　悉《ことごと》に泣き乾しき」（記）といい、また人民を多に夭折《ようせつ》させた（紀）というような驚天動地の号泣であったし、また姉の天照大神に会おうとして、高天原に昇るさまは、「山川悉《ことごと》に動《とよ》み、国土みな震《ゆ》りき」（記）というような、天地を震撼《しんかん》させるような巨魔的な存在として描かれている。神聖なるべき天上の田をさんざん荒らしまわり、あらゆる農耕妨害や神聖冒瀆の罪を犯し、最後には日神を怒らせ、または傷つけ、または病ませて、岩屋隠れをさせ、天地晦冥《かいめい》にさせるのも、彼であり、またその罪のゆえに、千座置戸《ちくらのおきど》を科せられ、髯《ひげ》を切られ、手足の爪まで抜かれて、天上から追われるのも、彼であった。「大祓《おおはらえの》詞《ことば》」の中で、天つ神として挙げられる数々の重大な罪穢《つみけがれ》は、いっさい彼が天上で犯したものとされており、彼はまさに悪や禍事《まがごと》の元祖なのであった。

　高天原での彼が、そのような天界の秩序を破壊する巨魔的な存在であるのに対し、地上での彼の姿は、これはまたうってかわってすこぶる平和的な英雄神であり、文化神である。簸《ひ》の川の川上を訪ねて、人身御供《ひとみごくう》の娘を助け、八岐大蛇《やまたのおろち》を退治する彼は、むしろ神というよりは人間の英雄らしい要素を持っている。

『日本書紀』の一書に見える、この神が御子の五十猛神《いたけるのかみ》およびその妹神二人をしたがえ、樹木を造って船材に当て、また木《こ》種《だね》を広く全国に分布させたという話なども、文化神らしい面を持っている。

『出雲国風土記』における素尊《すさのお》（須佐之男）は、さらにもっと平和的であり、意宇《おう》郡安来郷《やすぎごう》では、壁《かき》を立て廻らし、「吾が御心安平《やす》けくなりぬ」といったとか、大原郡佐世郷《させごう》では、佐世の木の葉を挿頭《かざ》して踊ったとか、同郡御室山《みむろやま》では、御室を造って宿りましたとか、平凡で素朴な行為の持主である。それは『古事記』での、須賀宮《すがのみや》での櫛名田比売《くしなだひめ》との新婚と八雲立《やくもた》つ神詠に見られる平和な情緒とまさに一致するものであった。

この神のこのような豹変ぶりは、一見、不思議に見えるが、高天原と出雲との二つの舞台における彼は、もともと違った存在の二神であったのであり、これを同一視して、同じ神だと見なしたために、こうなったのだと考えれば、容易に理解せられるのである、すなわち、一つは高天原における邪霊的な存在であり、他の一つは出雲における文化神的な存在である。前者が大和の宮廷神話体系の所産、後者はおそらく出雲固有の伝承が素材となっているのであろう。

今までの研究は、そのいずれか一方を本来の内性とし、他を後世的、第二義的派生の産物とすることから出発し、その名義についての論議も、これに基づいていた。

天上界を荒らしまわったり、天日を蔽い隠すような高天原での姿を、その真の形相と考える説では、その内性機能を暴風雨神であるとか、天界の秩序の反逆者、破壊者としての魔神的存在であるとか見なしており、その名義も、スサが勇み進む意のスサム、荒れ狂う意のスサブから出ており、「勇み進む男」もしくは「荒れ狂う男」という意味であるとするのである。これに対して、出雲での平和な姿を、本来的な内性であると見なす説では、文化神であると見て、その名義を、地名（出雲および紀伊にある）のスサから出、「須佐の男子」を意味するとする説が多い。

高天原での彼の荒れまわる姿は、確かに「荒ぶる男」そのものであり、岡正雄氏以来しばしばその内性の類似を指摘される北欧のオーディンないしウォーダン神も、その名義は「野生の」もしくは「狂暴な」を意味する語であることや、同様なインドの暴風雨神ルドラの名も、「吠えるもの」「恐ろしいもの」を意味する語から出ていることなど参照すれば、「荒ぶる男」説があながち否定さるべきものでないことがわかる。しかし、それにしても、その名がけっしてスサビヲやスサミヲではなく、スサノヲであり、語の構成から見て「須佐の男」の方が自然で無理がないことだけは確かである。また高天原であれほど天照大神の弟として大きく扱われ、その姉弟の間のウケヒで、互いに呪物を交換し、それによって皇室の祖先の忍穂耳《おしほみみ》や出雲国造らの祖先の天穂日《あめのほひ》以下五男神を生むなどといった、王権神話の中核部分に、この神が登場するのに、古くからこの神の崇拝・祭祀が、宮廷でまったく行なわれていないことも不思議である。宮廷で崇拝・祭祀された形跡のない神が、宮廷神話のオリジナルな霊格であったはずはないのである。

これに対し、「須佐の地の男神」説は、この「須佐」の地とその崇拝・祭祀とが密接に結びついているということでは、もっとも有力である。『出雲国風土記』の中で、飯石郡須佐《すさ》郷《ごう》の条に、「神須佐能袁命《かみすさのおのみこと》の詔《の》りたまひしく、この国は小さき国なれども、国処《くにどころ》なり。故《かれ》我が御名は木石に著けじ、と詔りたまひて、即《やが》て己命《おのがみこと》の御魂《みたま》を鎮め置き給ひき。然《しか》して即《やが》て大須佐田・小須佐田を定め給ひき。故《かれ》須佐といふ。即ち正倉《みやけ》あり」と記されている。この田は須佐にあった大小の田地で、この神の祭りのための御料田なのであり、その地に式内社の須佐神社が鎮座し、その神霊を鎮め祭っていたのである。『日本書紀』の一伝で、この神の妃奇稲田《くしいなだ》姫《ひめ》の親の名を、稲田宮主《いなだのみやぬし》簀《す》狭《さ》之《の》八《や》箇《つ》耳《みみ》というのは、須佐の土豪でこの神の司祭家であった須佐氏の祖先の名であったろう。

しかし、この飯石郡の山奥の僻地《へきち》の小神が、この神の原像であるとすると、いったい何故に、記紀の高天原神話の中で、あれほど巨大な神として扱われたのかは不可解なことになる。その点については、鳥越憲三郎、井上実などの諸氏も、単に大和朝廷の政治的作為であるということを強調するに止まり、満足の行く説明は何一つ与えていない（鳥越『出雲神話の成立』、井上『出雲神話の原像』）。作為的に巨大化するにしても、するにはするだけの理由がなければならない。

ふつうそうした場合に、その理由づけとして三つのケースが挙げられるであろう。すなわち、

①　この神を奉じる須佐氏族が、宮廷に重大な政治的関係や縁戚関係を持っており、その神を王権神話の中核に入りこませた。

②　須佐氏族がかつて出雲での法王的な地位を占め、大己《おおな》貴《むち》と熊野大神の両大社の総師でもあった国造家と、政治的によほど密接な地位にあり、出雲の服属にはこれもけっして軽視

すべきではない存在として、大和朝廷の眼にものものしく映じた。
③　この神の崇拝は、単なる山間の小盆地に止まらず、出雲国の内外に広く拡布され、民間に広くポピュラーな神とされているため、この神の存在を大きく扱わざるをえなかった。
以上の三つの理由以外には考えられない。このうち、①はまったく問題にならず、②は多少は考慮してもよい考えであるが、しかし、これを徴証すべき史的資料は、何一つないのである。須佐には、小型の後期古墳が若干見られるくらいで、さほどの大豪族が古くからいたとはとうてい思えないのである。ここで当然、③が考慮されなければならぬ。これを次に考えよう。

2　スサノヲ神話の民間的性格

『延喜式』神名帳では、出雲国で素尊（スサノヲ）を祀った社としてはっきりしているのは、この飯石郡須佐郷の須佐神社以外には、出雲郡に阿須伎神社の摂社として須佐表（袁の誤りか）神社の名が見えるだけであるが、『出雲国風土記』には、この神の説話は、意宇郡安来郷の国巡りをした話、大原郡佐世郷の佐世《させ》の木《こ》の葉《は》を髪にさして踊った話、同郡御室山の、御室《みむろ》を作った話などが見え、さらに衝杵等乎而留比古《つきほことおこるひこ》、磐坂日子《いわさかひこ》、都留支日子《つるぎひこ》、国忍別《くにおしわけ》、八野若日女《やぬのわかひめ》、和加須勢理比売《わかすせりひめ》、青幡佐草日古《あおはたのさくさひこ》の七柱の出雲の神々の親神として語られている。

その神とその御子神《みこがみ》たちの伝承の語られている地域は、意宇郡、島根郡、秋鹿郡、大原郡、飯石郡、神門郡と、東部から西部にかけてのほとんど出雲の全域にわたっており、これに出雲郡の阿須伎社の摂社や、記紀の伝承にある素尊の新婚の地、大原郡の須賀宮（『風土記』の大原郡須我社）や、また素尊が最初に天降ったという仁多郡鳥上山《とりがみ》（現在の船通山《せんつうざん》）まで加えると、その崇拝圏はもっと拡がるのである。大己貴《おおなむち》の崇拝圏は例外として、出雲で大神と名づけられている、熊野大神、佐太大神、野城大神など、これにははるかに及ばない。

小盆地の須佐氏族のみの小神が、このような出雲一円にわたる崇拝圏を持っているのは、不思議に見えるが、問題は決してそれに止まらない。出雲の地を超えて、この崇拝は延喜以前に広く行なわれていたらしいことは、『延喜式』神名帳に、備後深津郡に須佐能表《すさのお》（袁）神社、紀伊在田郡に須佐《すさ》神社があるし、また『三代実録』貞観八年（八六六）の条に見える播磨《はりま》の速素戔烏神《はやすさのおの》、および元慶《がんぎょう》八年（八八四）の条に見える隠岐《おき》の健須佐雄神《たけすさのお》などの名が散見することでもわかる。

神社の中には、祭神名を社号の中に入れないものも少なくなく、イザナギを祀る近江犬上郡の多賀《たが》神社やツノヲを祀る住吉坐《すみのえにます》神社のように、地名を社号にしている例も多いから、もっと他にもあったであろう。摂津住吉郡の式内社神須牟地《かむすむち》神社などは、『新撰姓氏録』摂津の神別氏族に、住道首《すむちのおびと》があり、イザナギの子のスサノヲの後裔と記されているところから見ると、この神を祭神としたものであったらしい。

このように見ると、この神の崇拝が、古く出雲はもちろんのこと、紀伊、摂津、播磨、吉備など、紀伊半島から大阪湾、瀬戸内海にかけて行なわれており、さらに隠岐などにも行なわれていたことがわかる。

これほどの広大な分布を持っている式内社としては、他には大己貴《おおなむち》（大汝）およびその相棒の少彦名《すくなひこな》、また大己貴の分身ともいわれている三輪《みわ》の大物主《おおものぬし》、および大己貴の子と伝えられる鴨《かも》の味耜高彦根《あじすきたかひこね》などのそれがあるが、これらはほとんど出雲系の神とされていることに注意しなければならない。出雲系の神々は不思議と広大な崇拝圏を持っているのであり、一つの土地・一つの氏族のみに限定されない超地域性・超氏族性・民衆性を持っているのである。私はここに、従来の封鎖的な氏族神や地縁神の崇拝とは異なった、「出雲教」ともいうべき、巫覡《ふげき》たちの新興宗教の活動を見出そうとしたわけであるが、スサノヲの崇拝の広い分布も、やはり同じ面から考えてよいであろう。

オホナムチとスクナヒコナが、国作りの神として山や河を作り、またクスシの神として医療禁厭の法を伝え、伊予の道後《どうご》温泉をはじめとして各地の温泉を拓き、オホモノヌシやスクナヒコナが酒《くし》の神として知られているように、出雲系の神々は、広く民衆に人気があり、歌謡などにも歌われ、語部などの語りの題材にされたが、これは素尊とても例外ではなかった。

記紀に見える素尊の高天原下り以後の行動は、出雲の地ばかりでなく、舟で紀伊や新羅にもわたって活動しており、またすこぶる民間的色彩の濃い物語が多い。『書紀』の一書の伝えに、高天原追放にあたって、霖雨《ながあめ》が降りつづき、尊《みこと》は青草を結び束ねて簑笠《みのかさ》とし、宿を衆神に乞うたところ、衆神がこれを拒んだ。そのため尊は激しい風雨のなかを休息もせず、苦しみつつ降った。その後世間では、他人の屋内に簑笠をつけて立ち入ること、および束草を負うて他人の家に入ることを忌み、これを犯すものに、必ず祓を科することになった。これは大古の遺法なり、と記される。

日本の古俗では、簑笠をつけ、青草をつけた姿は神の姿だと信じられている。石垣島の祭りで、蒲葵《くば》の葉の簑笠で顔や姿を隠して、家々を訪れる、マヤ・トモマヤの神などのほか、小正月行事などで、秋田のナマハゲのつけるケラミノ、屋久島で、大晦日の晩、年の神が着けて訪れる簑笠など、いろいろな行事が知られているが、素尊の宿を乞う話も、そうした実際の民俗行事を踏まえたものであることは確かである。神の出現とその出迎えには、必ず厳重な潔斎が必要であったのを、後になって、こうした姿をしたものの臨時の来訪に対して、いわば罰金としてその潔斎の費用を徴収するような俗習が生まれたのであろう。

『古事記』に見えるこの尊の大気津比売《おおげつひめ》殺しの神話も、尊が高天原を降る途中、この穀物の女神に食物を乞い、女神が物蔭で、口や尻からいろいろな食物を取り出すのをうかがい見て、汚れたものを食わせる気かと怒って斬り殺すのであるが、これも古代の祭りの思想で、神を迎えるにあたって、無礼な接待、不浄な饗応しかしなかった斎女《さいじょ》が、神の怒りによって死ぬ話である。

彼が御子の五十猛《いたける》らとともに、多くの木種《こだね》を播《ま》き植え、紀州から始めて大八洲《おおやしま》に普及させたという『日本書紀』の一書の伝えも、後世のフォークロアで、山の神はその支配する山の樹木を管理し、その豊饒・生成を掌り、新潟県や京都府丹波地方などで、春または秋の山の神祭り日を、山の神の木種播きとか山の神の種播きとかいって、山に入るのを忌んだりする風があるのとも関係づけられる。

このような民俗行事の縁起譚として、彼が引っぱり出されているのは、出雲以外の地でも、彼がすこぶる民間にポピュラーな神であったことを表わしている。そしてこのような内性は、単なる貴族たちの作為的なでっち上げによって、机上に作り上げられるものではない。

八岐大蛇《やまたのおろち》退治なども、世間に多い大蛇の人身御供譚《ひとみごくうたん》に属し、その主人公である素尊は民間の英雄であって、特定の貴族の神らしくはない。この説話が『出雲国風土記』に見えないことをもって、中央で製作した官製神話だと考える説もあるが、事実は、民間に流布していた勇者伝説であったらしく、素尊の他の崇拝地にも語られていたものらしい。犠牲乙女の名であるクシナダヒメ（クシイナダヒメ、イナダヒメ）は、スサノヲの神話ばかりでなく、大蛇の人身御供に捧げられる乙女の名として、またこれが女主人公として語られる農耕神話の稲田の女神の名として、広く知られていた話であったらしい。

この姫を祀ると覚しき神社は、『延喜式』神名帳によると、能登国能都郡久志伊奈太伎比《くしいなだきひ》咩《め》神社、山城国相楽郡綺原坐健伊那太比売《かむはらにますたけいなだひめ》神社、備後国安那郡多祁伊奈太伎佐耶布都《たけいなだきさやふつ》神社などがある。山城のそれなどは、相楽郡蟹幡《かむはた》の地で、そこには有名な「蟹満寺縁起」が伝わり、大蛇の人身御供が語られる。備後のそれなどは、すぐ隣の深津郡の須佐能袁能《すさのおの》神社とならんでいるところから見れば、イナダヒメと素尊の帯びた斬蛇剣フツノミタマを祀る社であることがわかる。その剣は、同じ吉備の備前赤坂郡石上布都之魂《いそのかみふつのみたま》神社にも祀られ、これが『日本書紀』に、「その蛇を断ちし剣、今吉備の神部のもとに在り」といわれ「今石上《いそのかみ》に在り」といわれている社であった。この吉備地方は、古くから出雲と同じく製鉄の盛んな地域であり、すぐれた刀剣なども出たが、そうした霊剣を神体として祀る社があり、それに素尊とイナダヒメが登場し、その剣による大蛇退治が語られるような縁起譚が付着していたのであろう。水野祐氏などは、八岐大蛇譚の原郷は、むしろ出雲ではなくして、吉備地方であろうと推定しているが、確かにそう思われるふしぶしもある（『出雲神話』）。いずれにせよ、この物語の主人公として素尊が登場したのは、当時の民衆の一番の人気者であったからであろう。

このように考えると、素尊の日本神話における巨大さは、前に述べた③の理由、つまりその信仰圏の広さと民間信仰・伝承におけるこの神の人気によるものであることは、明白であろう。こうした民間での広い人気のゆえに、朝廷では、これを高天原と出雲的世界との両者にまたがる大立者と見なし、皇祖神の弟に仕立て上げるとともに、また一面にこれを圧《おさ》えて皇室の権威を強調せんがために宮廷の神話・祭式における、神に反抗する邪霊・魔神の役を押しつけたのであろう。

3　高天原神話におけるスサノヲ

高天原神話における彼のさまざまの悪業も単なる架空の作り話ではなく、実際に宮廷で古くから行なわれた大祓《おおはらえ》や鎮魂祭の祭式と結びついていた説話であることは、多くの研究によって論証されている。

畔《あ》放《はな》ち、溝埋め、樋《ひ》放《はな》ち、重播種子《しきまき》、生剝《いけはぎ》、逆剝《さかはぎ》、屎戸《くそへ》などの天つ罪を犯し、天照大神の神聖な御田《みた》や新嘗の神床《かむどこ》をさんざん荒らしまわった後、千座置戸《ちくらのおきど》を科せられ、根《ね》の国・底《そこ》の国に追放される彼の姿は、大祓の式で、人間と同じ形の、罪穢《つみけがれ》・災厄の担い手として、川に流される形代《かたしろ》そのものの神格化である。「大祓詞」では、こうしたいっさいの罪穢は川を経て大海原にリレー式に運ばれ、最後に根の国・底の国にいる速佐須良比咩《はやさすらひめ》に始末してもらうと語っている。このハヤサスラヒメは、素尊の娘のスセリヒメとも、また素尊の名ハヤスサノヲとも似ている名である。

川は、古代人にとっては、他界としての根の国にいたる入口なのであった。後世の盆の精霊流《しょうろうなが》しが川で行なわれることとも関係がある。「道饗祭祝詞」に、あらゆる禍事《まがごと》は、根の国から発生し、襲来する邪霊のせいにされている。大祓の祭式でも、本来そうした罪穢・災厄は根の国の邪霊がもたらしたものであるがゆえに、川を通し、形代に担わせて根の国に戻してやるわけなのであろう。出雲パンテオンの素尊と習合される前の、大祓の祭式における根の国の邪霊の名は、どんな名であったか知る由もないが、ハヤサスラヒメと似た名の男神名であったのであろう。国学者 橘 守部《たちばなもりべ》などは、ハヤサスラヒヲという神名を想像しているが、そうであったかもしれない。

私は大祓式《おおはらえしき》は、その行なわれる時期（旧六月・十二月の晦日、大嘗祭の前には八月上旬）や、祓稲《はらえいね》の使用などから見て、かつて農耕祭儀的なものであったのではないかと考えている。天つ罪の多くが、重播種子とか畔放ちとかのような農耕上の悪事であるのもそれを物語っている。この天つ罪に対して、生膚断《いきはだた》ちとか近親相姦、獣姦、疾病などの国つ罪が「大祓詞」で挙げられているのは、二次的な派生であり、本来的なものではなかろう。

祓馬《はらえうま》の使用なども、神話に出てくる天斑駒《あめのぶちごま》の話にうかがわれるように、かつてこの祭りで、馬が犠牲にされたことの形骸化したものではないかと考えている。もしかすると、そうした祭りに、神聖な田を荒らしまわる根の国の邪霊役のものが登場し、その所作が行なわれ、これと神との闘争や、それによる田畑の荒廃、またその邪霊の追放などの演技が行なわれたのではないか、また斑馬《ぶちごま》の殺戮《さつりく》とその逆剝などは、かってそうした役の者が、実際の祭式においてこれを演じ、追放されたのではあるまいか。後世その風が蛮風視されると、実際の馬殺しは廃止され、祓馬というような形式化した形で面影を伝えたのではあるまいか。

諸国の古社の田遊、御田植祭などを見ると、鬼や邪霊が出て大暴れして神を妨害するが、やがて征服される芸能がある。大祓の祭式でも、かってはそうした祭祀儀礼が行なわれたのが、後世にそれの形骸化した人形《ひとがた》や切麻《きりぬさ》や解縄《ときなわ》などが使用されるだけになったのかもしれない。

天石窟戸《あめのいわやど》の神話における素尊は、最初のところで、日神の岩隠れの動機となる天斑駒の機《はた》屋《や》投げこみや、新嘗《にいなめ》における不浄な行為の主人公として出てくるだけで、この部分は彼の天つ罪の部分と重なっており、肝心のクライマックスである岩戸前の祭儀ではその名はいっこうに出てこない。最後の神やらいの部分だけ素尊はふたたび出てくる。天上荒らしと神やらいとは、ともに大祓の祭式と関係あるのであるから、その中間の岩戸前の祭儀の部分だけは、後から挿入された異分子であることがわかる。

言いかえれば、古い神話の形としては、素尊は、高天原の御田や新嘗屋《にいなめや》でさんざん乱暴を働いたので、根の国に追放されるという形だけで完結し、日神の岩隠れの件はなかったのであろう。

素尊の天上荒らしと神やらいの中間に、石窟戸神話を割りこませたのは、この話を前提にして、後の天孫降臨、日の御子神話を導き出そうとしたがためであった。大和朝廷の神話編者たちは、こうした農耕祭儀の縁起譚一つすら独立させて筋を完結させることなく、いっさいを日の御子の降臨と統治という中核理念の伏線とし、前提条件としようとしたのである。

石窟戸神話が、もともと宮廷の古い祭式であった鎮魂祭の縁起譚であったらしいことは、古くから説きつくされている。この祭りが冬至のころつまり新嘗祭の前日の旧暦十一月の中寅日にあたっており、衰えた太陽の光熱を回復させ、一陽来復の春の到来を促進させようと試みる一種の太陽祭儀《ソーラーカルト》であり、欧亜大陸に古くから分布していた冬至祭の一つであることも、松村武雄氏をはじめ幾多の学者が論証したところである。

しかし、この祭りはまた一面に天皇の御魂《みたま》の鎮魂《たまふり》、つまり「魂の招復」とその体への安定を図る呪的祭儀でもあったのである。鎮魂とは、失踪した霊魂を呼び戻す一種の病気治療術である。タマフリが日本固有の鎮魂法で、外部から強い霊魂を招き入れること、タマシヅメが大陸風の招魂で、体の中から遊離した魂を招き返す呪術であるという、折口信夫説などもあるが、古くはそうした区別があったものとも思えない。石上《いそのかみ》神宮の古い鎮魂の縁起譚であったと思える『旧事本紀』のなかの、十種の天璽瑞宝《あまつしるしのみずたから》の神話では、物部氏の祖神饒速日《にぎはやひ》が天神からこの神宝を授かり、「これを一、二、三、……九十と唱えて打ち振れば、死人も生き返ろう」と言ったといい、「これフルの言の本なり」と言っている。タマフリが本来、病気治療の呪術であったことは明らかである。

鎮魂祭に歌われる鎮魂歌には、死んで体から去った日神トヨヒルメ、つまり天照大神の御魂を呼び返すことが歌われている。この縁起譚である石窟戸神話にも日神の「岩隠り」、すなわち死とそれからの復活が語られている。

この呪法は、シベリア、モンゴルなどの北アジア圏のほか、南中国やヴェトナム、インドネシアなどにも盛んであり、また日本でも沖縄で、「マブイごめ」という呪術として知られている。ことに南中国や東南アジアでは、往々にして鶏を殺して、魂をつれ去ろうとする邪霊に供え、これを阻止しようとしたり、鶏を鳴かせて霊魂の復帰の徴《しるし》としたりして、鶏の使用が目立つのは、日本の常世長鳴鳥《とこよのながなきどり》との関連を偲ばせる。

霊魂が生きている体から飛び出すのは、一般に東南アジアやシベリアでは、死霊や冥府の神が誘拐すると考えられている。沖縄などでも、マブイをさらっていくのは、死霊や御所《ぐしょー》(後生＝他界)の神が多い。

日本の天石窟戸神話・鎮魂祭儀でも、日神を病ませ、霊魂を離脱させ、岩隠りさせる元凶は、やはりもともと根の国・底の国の邪霊と考えられていたに違いない。この存在が大祓の祭式における、祓われる罪穢の精霊と同一視され、両説話が固く結びつけられ、最後に、これも根の国に関係ある素尊と同一視せられていったのである。

しかし、宮廷で、期日も機能・目的もお互いに無関係であった祭式、大祓と鎮魂祭のそれぞれの縁起譚を、このような形で結びつけ、この赤つら役の天上荒らしの元凶に、出雲の祖神スサノヲを持ってきたのは、おそらくそんな古い時代ではあるまい。私は、これが文筆的な潤色や加筆・削定によって、七、八世紀の歴史編纂時代になされた仕事ではなかったかと思っている。出雲神話が、あのような形で記紀の神代史の中に入りこんだ時代も、ほぼそのころであると考えられ、その高天原と出雲のつなぎ役としてこの神が大きく拡大されたのである。

4　三貴子の一人としてのスサノヲ

この神が三貴子の一人として伊弉諾《いざなぎ》の鼻から生まれたという『古事記』に見える出生譚は、その左右の眼からそれぞれ日月二神が生まれたという話とともに、伊弉諾の内性が天空神を表わす徴《しるし》であるといわれる。つまり天空神の両眼は日月であるという信仰は、古代エジプトやポリネシアにもあるのであるが、鼻というのは、その息《いき》すなわち強い嵐の吹きおこってくる源泉で、素尊が暴風雨神であることを表わすものであると、高木敏雄氏などは説いたが、それにしてもこの神の登場はやや不調和である。

『日本書紀』の一書の一では、伊弉諾は左手で白銅鏡を持ったとき大日孁《おおひるめ》（天照大神）を、右手で白銅鏡を持ったとき月弓尊《つくゆみのみこと》（月読命《つくよみのみこと》）を、それぞれ化生《けしよう》し、首を廻《めぐ》らして見た束《つか》の間に、素尊が化生したという。これもスサノヲだけは、特別にはみ出た生まれかたである。

この三貴子の出生に続いての分治の話でも、この神だけはよそ者の感じが強い。それは記紀の各異伝によって、その分担区域も多少違っており、従来論議の種となっていたものであるが、天照大神は日神として天上を支配することは各書一致し、また月読はたいてい日神とならんで夜の天上を支配するとされ（『書紀』の一書に滄海原《あおうなばら》を治めるという伝えがあるのは例外）、その位置はほぼ一定しているが、素尊だけは伝えによって、海原、根の国、天上と、さまざま語られ、少しも一致しないのである。『日本書紀』の本文では、この三貴子は、伊弉諾の禊のさいに生まれるのではなくして、国生みに続いて、伊弉諾・伊弉冉《いざなみ》二尊の子として生まれ、しかも日月二神は天に送られ、素尊だけは、常に哭《な》き叫ぶのをわざとしたので、最初から根の国にやられている。おそらく最初は日月二神だけが伊弉諾・伊弉冉二尊の子として語られていたのであり、素尊はのちに無理に割りこんだよそ者であったのであろう。

伊弉諾・伊弉冉の信仰と神話は、本来、淡路島が本源地であって、その地の海人《あま》たちによって各地に拡まったものであることは、つとに論証されている。しかし、この国生みの二神と、素尊とが地域的に結びついて崇拝されているところはない。伊勢神宮の近くに接して月読宮・月夜見神社があり、また伊弉諾・伊弉冉を祀る伊佐奈岐宮《いざなぎのみや》二座も古くからあったことが『皇太神宮儀式帳《こうたいじんぐうぎしきちょう》』や『延喜式』神名帳にも記されていて、これらは、この度会郡の地に、日月二神や、イザナギの崇拝が古くからあったことを表わすようであるが、それにしても、ここには素尊はいっさい祀られていない。『皇太神宮儀式帳』には、日月二神はイザナギの御子であるとしているが、素尊については触れていない。

大林太良氏は、東南アジアの諸族の日蝕神話において、日・月・暗星ラーフ（仏教では羅《ら》睺《ごう》阿《あ》修《しゅ》羅《ら》王）の三兄弟もしくは三姉妹のうち、末弟もしくは末の妹の暗星の行ないが悪く、日月の蝕を惹きおこす存在になっていることに注目し、これと日本のアマテラス、ツクヨミ、スサノヲの三貴子の分治および天石窟戸の神話との類似性を指摘し、同系であることを論じている。もしこの説のとおりに、このトリオの話が、古くから日本に伝わっていたにしても、それは説話型として日・月・暗星の兄弟トリオの話があったというに過ぎず、したがってそれは皇祖神アマテラスとツクヨミ、スサノヲの三貴子の歴史的説明にはならない。この三兄弟に出雲系の祖神スサノヲが加えられたのは、どう見ても歴史的事情によるのである。

私などは、もし三貴子という思想が古くからあったとしても、それは日・月・素尊ではなくして、日・月・ヒルコという形であったのではないかと考えている。蛭児《ひるこ》は『古事記』では伊弉諾夫婦が国生みの前に生んだ最初の子で、障害をもつ子として語られているが、『書紀』の本文では、国生みの後高天原の支配者として日月二神を生み、それに続いて蛭児を生むという形式となっている。この蛭児を天磐櫲樟船《あめのいわくすぶね》に載せて流し棄てる記事の後に、つぎに素尊が生み出される。これがやはり号泣するばかりなので、死の国である根の国に追いやられるのである。蛭児と同じように処置されるという点は両者ともよく相似ている。根の国は、後にも述べるように、古くは地下の世界ではなく、海の果ての国であったらしい。水に流されることも、海の果ての根の国に追われることも、趣旨においてはあまり変わりない。要するに、泉谷康夫氏なども論じたように、この二者は同一の存在の重複であるようにも見える。

『書紀』の一書の二では、やはり日月の誕生に続いて蛭児が生まれ、つぎに素尊が生まれるのであるが、その文のつなぎかたを見ると、どう見ても、後からの挿入の部分がある。すなわち、「日月既に生まれ、次に蛭児を生む。この児三歳に満つれども脚なほ立たず。初め伊《い》弉諾伊弉冉尊《ざなぎいざなみのみこと》柱を巡《めぐ》りし時、陰神先づ喜言《よろこびごと》を発《あ》ぐ、既に陰陽之理に違《たが》へり。この所以《ゆえ》に今蛭児を生む。次に素戔嗚尊を生む。この神性悪《さがあし》くして常に哭《な》きいさつることを好み、国の民多《さわ》に死に、青山を枯《からやま》に為《な》す。故《か》れその父母勅して曰く、たとひ汝《いまし》この国を治《し》らば必ず残《そこない》傷《やぶ》る所多からむ。故《か》れ汝《いまし》は極めて遠き根の国を馭《しら》すべしと。次に鳥磐櫲樟船《とりのいわくすぶね》を生む。輒《すなわ》ちこの船をもって蛭児を載せて流の順《まにま》に放ち棄てつ」とある。このうち、傍線Aの部分は、他の部分とは思想的にも矛盾する。つまり日月二神と蛭児を続いて生んだといいながら、このAの部分では『古事記』の所伝と同じ天御柱《あめのみはしら》めぐりの時に男女の唱和の順序が悪かったのでこの蛭児を生んだということを言っている。天御柱めぐりの最初に生んだのは、いわば国生みや神生みの一番最初の存在であることを表わし、日月二神のつぎに生まれる話とは、まったく相容れないはずである。したがってこの部分ははっきりと加筆部分である。

つぎに傍線Bの部分も、よく見ると挿入である。これも『古事記』と同じ伝承であるが、その原資料としてのテキストの文を加筆したのであろう。というのは、この部分があると、次の「故《か》れ」から「馭すべしと」までの文が、蛭児のことを述べているのか素尊のことを述べているのかはなはだあいまいとなり、これを通説のようにもし素尊のことであるとすると、その次のイハクスブネで蛭児を流す文がふたたび唐突に出てくるのは、おかしい。むしろこのBの部分を取ってしまうと、「故《か》れ」以下は全部蛭児の話となって意味は完結する。

そうしてみると、AとBとを取り去った後の文は、はなはだスムーズで、「日月の次に蛭児が生まれたが、この神は足が不自由で、父母の二神はこの神を統治者にするとまずいというので、海の果ての根の国に行けといい、イハクスブネを生んでこれに載せ、流した」ということになる。さらに詮議立てをするなら、Bの部分の中の「次に素戔嗚尊を生む」という短文だけが挿入されたのであって、「この神性悪くして」以下の部分は、蛭児について述べている文だとすることも考えられないことはない。その場合には、「蛭児が三歳になるまで立つことができず、哭き叫んでいたので、国土が荒れた。そこで統治者には不適格だと見なして根の国に流した」ということになる。そうすると、素尊の「泣きいさちる」性格すら、もとは蛭児の属性であったかもしれないということになる。いずれにしても、素尊のこの場合における登場は、どう見ても途中からの割りこみであり、濃厚な加筆の疑いがある。『日本書紀』の本文の文はこれをもっと自然で合理的な文章に改めたのであろう。

私は、『古事記』の伝承にあるような、蛭児が、二神の最初の生み損じの子であるという伝承までが無理に作った作り話であるとは思わない。前の章でも述べたように、この蛭児説話は、東南アジア系の物語で、昔、大洪水を逃れて生き残った兄妹が結婚し、最初は障害のある子を生み落胆するが、天神に卜《ぼく》して儀礼をとり行ない、婚すると、今度は健常な児が生まれ、部族の祖先となったという伝説のタイプに属するからである。

したがって蛭児は、淡路のイザナギの崇拝や神話に、最初から属していた存在で、それこそイザナギのほんとうの子であったはずである。

しかし、後世（たぶん五、六世紀ごろ）になってこのイザナギ・イザナミの崇拝と伝承が海人《あま》の活動や移動によって畿内各地に拡がり、さらにここに官倉《みやけ》を置いた大和朝廷によって採り上げられ、二神が大八洲《おおやしま》の国の生みの親とされるにおよんで、その流された蛭児にもある程度の格式が出てきた。皇祖神アマテラスと月神ツクヨミとならんで生み出された二神の尊貴な御子であったが、異形で性質も悪く、国土を不毛にするような存在であったために、これを根の国に流したという伝承などが生まれたのであろう。これがやがてスサノヲと入れ替わるのである。最後にスサノヲに入れ替った時期が、やはり文筆的加筆・削定の七、八世紀であることは、論じるまでもない。

蛭児流しの神話は、一面に沖縄の稲の穂祭りなどの縁起譚として『琉球国由来記《りゅうきゅうこくゆらいき》』などに見える、オトジチョ、ないしオトジキョの神話に似ていることが、柳田國男、伊波普猷《いはふゆう》氏などによって指摘されている。日神の子のオトジキョという者は、やくざ者であったために鼠を生み、あるいは自ら鼠に変身したとも伝えられ、これが田畑に大害をなすので、小舟に載せて、ニルヤカナイに流すというのである。田畑を荒らす邪霊の化身として鼠を考え、これを舟で流して豊饒を祈ろうとする呪術的行事で、日本本土の虫送りやのみの舟などと趣旨が似ているが、この鼠が日神の子とされているのは、奇妙である（柳田『海上の道』、伊波『日本文化の南漸』）。

蛭児も、一面に「日子《ひるこ》」すなわちヒルメに対する太陽の男神であるとか、太陽の子であるとか説く説が、江戸時代の滝沢馬琴以来唱えられ、松本信広氏や筆者なども、これをつとに可能性ある説と認め、世界に広く分布する「太陽の子」の漂流譚のタイプに属するものと考えている。これは後章でも述べるが、日本でも正八幡のオホヒルメ、蚕の女神の金色姫など、みな太陽の子が流される説話である。そしてこれらは、古代ユーラシア大陸の南岸沿いに分布する「太陽の舟」の信仰と行事に由来するものと考えられるのである。

この蛭児も、淡路島の海人《あま》たちに伝承されていくあいだに、太陽の子としての「日子《ひるこ》」であると意識されるようになり、その付近の海岸で行なわれていた「太陽神の象徴を海に送り流す行事」と結びついて、その由来語として語られるようになったのであろう。こういう下地があればこそ、イザナギ・イザナミ二神が後に、皇祖神姉弟の親神とされるに至っても、その不肖の弟の一人とされたのであろう。

ただ泉谷康夫氏などは、蛭児は素尊の古い名前であり、ともに皇室の古い祖先神であろうという説を出している。しかしこれはやや思いすごしであろう。これらの神々を宮廷で祀ったという明らかな証拠はなにもないのである。蛭児はたぶん当時の民間のフォークロア上の存在だし、素尊は、出雲系のパンテオンの祖神的な存在であった。また蛭児説話に素尊が割りこんだ時期は、どう見ても文筆時代なのである。

素尊の高天原における物語のうち、もっとも宮廷の政治的思想を多く含んでいる神話は、天真名井《あめのまない》のアマテラスとこの神のウケヒの神話であろう。この神話はもともと直木孝次郎、横田健一などの諸氏も論じ、筆者などもかつて私見を出したように、出雲神話を後に導き出すための伏線であり、また単なる伊勢の地方的太陽女神にすぎなかった処女神アマテラスを皇祖神にしたてあげ、その御子としての忍穂耳《おしほみみ》と出雲国造ら出雲系の豪族の祖神天穂日《あめのほひ》とを兄弟神として、系譜的に結びつけた政治神話であったことは、明らかである。スサノヲと皇祖神とを同胞神として、出雲国造家ばかりでなく武蔵国造、山城国造、宗像《むなかた》国造、河内国造、茨城国造、対馬県直などの有力な諸国の土豪の祖神ないし氏神をも、みなその間の子として、同じ系譜に盛りこもうとした。いわゆる五男神および三女神がこれである。しかしその主眼は、皇室と出雲国造を、同祖の系譜に入れることにあったに違いない。

これらの誕生を、二神の正常な婚姻によるものとしないで、玉や剣を物実《ものざね》としてウケヒを行なって生んだという形にしたのは、アマテラスが清浄な処女神であるという当時の信仰を無視できなかったからであり、また一つには近親相姦的なモチーフを皇祖神にだけは避けた結果なのかもしれない。互いに相手の持つ呪物をもらって、これを物実として呪術を行ない、それによって生まれた奇蹟の御子を、さらに交換するというような複雑な手続きは、どう見ても政治的潤色の跡が濃厚な神話である。またこれらの男神・女神を祖とする豪族は、西は九州から東は東国にまでわたっている。このような全国的なスケールをもって構想された神話が、出雲とか宗像などのような地方豪族の伝承であったはずはない。どう見ても、中央の宮廷貴族の製作であるとしか考えようはないのである。これも、七、八世紀のころの宮廷的産物なのであろう。

5　紀伊国の大神としてのスサノヲ

今まで見てきたように、出雲パンテオンにおける素尊と、高天原パンテオンにおける素尊は、その成立・内性・機能の上でもたいへんな相違がある。前者は民衆の間に成長したフォークロリックな神であり、古い霊格であると思われるが、後者は宮廷で作り出した政治的理念の産物で、古くからあった宮廷の農耕祭式の邪霊役が拡大されてスサノヲに結びつけられたり、またイザナギ神話の蛭児などの内性が、このスサノヲの性格の上に加上されていったりして、できあがったと考えられるのである。

したがってその発生順序からすれば、まず前者が原型として古くからあって、これに対して、宮廷で、七、八世紀ごろ作り上げたイメージが後者であるということがわかる。ところで、最後に考えなければならないいくつかの問題がある。この前者と後者とがつながれ、同一存在だとされるに至ったのには、いったいどんな共通の観想が、両者の根底に存在していたのであろうか。言いかえれば、両者の内性にどのような共通点があったのであろうか。もしそうした共通面がいっさいないとすれば、それほどに相異なる両者(一方は神、他方は邪霊・魔神)が、いくら政治的な潤色にせよ、簡単に同一視されるはずもないのではなかろうか。

またつぎに、前者の民間における絶大な人気が、宮廷神話に、あのような形で大きくクローズアップして採り上げられるに至った原因であるとしても、その人気の根源として、どのような神徳・機能が彼に帰せられていたのであろうか。出雲系巫覡《ふげき》の徒の活動がその神をポピュラーにさせたとしても、それにはそれに価する神徳・神威が、顕彰されなければならない。それはこの神の原像に関係することである。

またつぎに、この神の真の原郷、その崇拝の真の源泉地・母胎地は、いったいどこなのか、言いかえれば、通説に言われたように出雲の須佐なのであろうか、それとも他の場所なのであろうか、という問題があるのである。もし出雲の山国が原郷であったとすると、彼が朝鮮にわたったとか紀伊国にわたったとか、広域にわたる活動の伝承は、いったいどのように説明せられるのであろうか。

このようないくつかの問題に対して、私は極めて明快な解釈と解答を得たと考えている。それは、端的に言えば、スサノヲの崇拝の真の原郷は、けっして出雲の須佐ではなく、また出雲の他の地でもない。実は紀伊の須佐なのだということである。この神は古く紀伊の須佐付近の漁民、紀伊海人の信奉していた海洋的な神なのであった。しかも海の果ての根の国から来訪し、豊饒をもたらし、若者に成年式を施していくマレビト神なのであった。そしてこの根の国の霊物という内性のゆえに、高天原神話における幾多の罪穢の元凶である邪霊と同一視され、また日神の魂を奪い取る悪神とも同一視され、また足の不自由なヒルコとも混同されたのである。また海にゆかりのある霊物であるがゆえに、この神の分治の領域は海と定められたし、また浮宝《うきたから》としての船の守り神とされ、さらにその船の用材の供給者として紀伊の国の樹木神五十猛神《いたけるのかみ》の親神とされ、樹木の管理者・生成者とされたのであろう。

またこの神や五十猛神を奉じる紀伊海人が新羅の曾尸茂利《ソシモリ》の地をはじめ、韓土にまで遠く交易や殖民、あるいは大和朝廷の大陸侵攻の水先案内となって活躍したゆえに、渡来人との結びつきや韓土へのこの神の往来の神話ができたのである。またこれらの大陸文化との接触によって、大陸系のシャマニズム風の祭祀の様式がこの神を彩《いろど》り、精錬冶金の法や刀剣文化と結びつき、巫覡《ふげき》的な団体の神として、瀬戸内海からやがて出雲にも広まり、出雲の巫覡宗教オホナムチの崇拝とも結びついたのであろう。そしてその広大なる信仰圏のゆえに、オホナムチの祖神とされ、出雲の祖神的な存在にまつり上げられたのであろう。これを、もっと具体的に述べよう。

この神がとかく根の国にゆかりがあることは事実である。父神からその号泣の理由を訊ねられたときも、妣《はは》のイザナミの住む根の堅洲国《かたすくに》に行きたいと答えているし、またそれにより父神の怒りをかい、根の国に行くことを命じられる。高天原の暴行後も根の国に追放されるし、さらに大国主の根の国行きの話では、素尊は完全に根の国の王者である。『日本書紀』の一書では、この神は御子の五十猛以下三神に木種《こだね》をわたし、紀伊国で播《ま》かせた後、熊成峯《くまなりのたけ》から根の国に行ったと伝えられる。

根の国は、後世では根の国・底の国と呼ばれて、「道饗祭祝詞」に見えるように、地下の死者の国であり、陰惨な汚穢《おあい》の国となったが、古くは沖縄のニライカナイと同系の海の果ての他界であり、死霊・祖霊の往き留まる国であり、またあらゆる望ましきもの、生命、豊饒の満ちた光明世界であったらしいことが、柳田國男などによって述べられている。「大祓詞」での根の国も、汚穢の国ではあるが、海の果ての国だという記憶を残している。

沖縄の海上他界であるニライ、ニルヤ、ネンヤ、儀来《ぎらい》、マヤの国などは、二色人《ニイルピトゥ》やマヤ・トモマヤの神などという神霊が住み、そこから時を定めて舟に乗り、豊饒をもたらし、あるいは若者たちに成年式を施しに来訪するという信仰や行事があったことは、折口信夫以後多くの民俗学者の研究によっても知られるが、同様に海の果ての根の国や、その神仙化した常世国《とこよのくに》などから、時を定めてマレビト神が訪れ、豊饒をもたらすという信仰が、本土でも古くからあったらしい。

岡正雄氏が、折口説に見える、日本や沖縄における海上他界の信仰すなわちいわゆる常世のマレビトの行事を、メラネシアの秘事団体ドクドクの祭りなどで、仮面仮装の神ドクドクと母神トブアンとが、海上から舟に乗って現われ、少年たちに入団式を授けていくというような行事と比較して、その類似性を認め、メラネシアやニューギニアに見られる母系的・秘密結社的栽培・狩猟民文化の系統だと考えたことは著名である。また海の果ての島を死霊・祖霊の往き留まるところと考える海上他界観は、かつてモスやリヴァーズ、ウィリアムソン、また大林太良氏や著者などもいろいろと論じたことがあるように、マレー半島、インドネシアの主として東部、メラネシア、ポリネシア、東南濠州など、南方系の信仰文化に連なるものである。

スサノヲは琉球の二色人やマヤの神が、ニライ、ニルヤから舟に乗り来訪するように、やはり海の果ての根の国から舟に乗ってきた、豊饒をもたらすマレビトであったのであろう。

スサノヲがマレビトである特性としては、前に挙げた高天原下りのさいの簑笠姿の説話を見てもわかるが、またやや時代が下るが、『釈日本紀』所引の『備後国風土記』逸文の疫隅《えのくま》国社の縁起を見てもわかる。昔北海の武塔神《むとうのかみ》が南海の神の女《むすめ》のもとによばいに出かけたところ、日が暮れ、蘇民将来《そみんしょうらい》兄弟の家に宿を乞う。富んだ弟の巨旦将来《こたんしょうらい》は宿を貸さず、貧しい兄の蘇民将来はこころよく貸し、粟飯でもてなした。その後、武塔神は蘇民一家を残して、他は疫病で殺した。神は蘇民に「われは速須佐能雄神なり」と名乗り、茅《ち》の輪の行事の由来が物語られる。この物語のモチーフは、『常陸国風土記』の福慈《ふじ》・筑波《つくば》の物語や、後世の民譚の大師水《だいしみず》、食わず芋の話などにも見られる古いマレビトの来訪行事から来たものであることは、すでに論じつくされている。

この海を越えて来訪するマレビトとしての素尊の特性は、出雲山間の須佐からは出てこない。それに関連しては、紀伊の須佐こそそのもっともふさわしい原郷であった。『日本書紀』の一書の伝えに、素尊が髯を抜いて散らし、杉を化生し、胸毛を抜いて檜《ひのき》とし、尻の毛を柀《まき》とし、眉毛をクスとなしたが、さらにこの杉とクスで浮宝《うきたから》（船）を造り、檜で宮殿を造り、柀を棺材にせよといって、木種《こだね》を播き植えたといい、その子の五十猛《いたける》が妹の大屋津姫《おおやつひめ》と枛津姫《つまつひめ》を率い、木種を分布させ、紀伊の国に渡ったという。

また他の一書の伝えによると、素尊は五十猛をともない、新羅の曾尸茂利《ソシモリ》の地に天降ったが、のちに埴土《はにつち》で舟を造り、これに乗って東に渡り、出雲の鳥上峯《とりがみのたけ》に行ったといい、また五十猛も、多くの木種を、大八洲《おおやしま》全土に植えたという。この一書では、五十猛神は、「有功《いさお》の神」とか「紀伊国にます大神」とか讃えられている。

この五十猛神は『延喜式』神名帳の紀伊国名草郡伊太祁曾《いたけそ》神社であり、妹の二女神も、それぞれ名草郡の大屋都比売《おおやつひめ》神社および都麻都比売《つまつひめ》神社の祭神である。三神とも、紀伊の古い樹木神である。『古事記』の大国主の根《ね》の堅洲国《かたすくに》訪問に見える、紀伊国の大屋毘古《おおやびこ》とは、この神のことである。あまたの木種を舟に積んで、海から来訪する素尊が、単なる冥府神格に止まらない豊饒・生成の霊格であり、海から幸《さち》をもたらす霊格であることがわかるが、同時にこの神は紀伊国の大神を御子《みこ》としている存在であった。

素尊は、紀伊にはよほど古くから崇拝が行なわれていたらしい。『和名抄《わみようしよう》』の郷名には、名草郡の伊太杵曾神戸《いたきそのかむべ》とならんで、須佐神戸《すさのかむべ》の名が記されていたし、また在田郡にも須佐神社があってこの神を祀り、これは名神大社であることが『延喜式』神名帳に記されている。この在田郡須佐神社の創立は不明であるが、伊太祁曾神社とはかなり古くから祭儀的に結びついていた。また『南紀神社録』などによると、船舶の航海を守る神であったらしい。この神は『三代実録』の貞観元年（八五九）に、牟婁《むろ》郡の大社熊野坐《くまのにます》神社（熊野本宮大社）と熊野早玉《はやたま》神社（熊野速玉大社）などと、同じ神階に叙せられており、格式の高い社であった。『延喜式』神名帳においては、出雲の飯石郡の須佐神社は、小社と記され、神階を授けられたこともないが、この紀伊在田郡のそれは、名神大社でもあり、神階にも叙せられ、すこぶる格式があったのであるから、この社の方が出雲のそれよりずっと古い本社だと考えても、まず誤りはあるまい。素尊がしばしば記紀の神話において、海洋や船舶や、紀伊国の樹木神などと結びついているのは、元来、紀州沿岸の漁民の奉じた海洋的な神であり、海の果てから訪れるマレビトであったからである。

播磨や備後、隠岐などの素尊の崇拝や社の存在は、たぶん紀伊海人の活動、交易、移住などによるものであろう。紀伊国は古代から良材に富む「木（紀）の国」として知られ、また三穂海人やさらに南の熊野海人などの重要な拠点であった。彼らは『日本書紀』に見える「熊野諸手船《くまのもろてぶね》」、『万葉集』や『伊予国風土記』逸文などに見える「熊野船」などをもって、しばしば遠洋漁業や対外交易、殖民なども行ない、熊野の大神や、五十猛、素尊などの崇拝をも、各地に分散させたものらしい。後世まで加太浦、三穂浦、雑賀崎《さいがさき》などは、特色ある漁村集落であり、捕鯨などに長じていた。

出雲と紀伊とは、須佐神社ばかりではなく、出雲意宇郡の熊野大社（式内熊野坐神社）と紀伊牟婁郡の熊野本宮大社（式内熊野坐神社）の両熊野大神、出雲大原郡加多《かだ》神社と紀伊名草郡加太神社、出雲意宇郡の韓国伊太氏《からくにいたて》神社と紀伊名草郡の伊達神社、出雲意宇郡の速玉神社と紀伊牟婁郡熊野早玉神社など、かなり共通の神社が『延喜式』神名帳に記されており、かつ双方に共通の地名が多いことが知られている。神話の場合もイザナミの神陵が出雲と紀伊の両方にあるとか、オホナムチの行った素尊の根の国が、出雲と紀伊の両者にまたがるように描かれているとか、素尊が五十猛といっしょに韓国から渡来した地が出雲だとも紀伊だとも両方伝えられているとか、両地方の内的関連を示す物語が多い。

本居宣長なども、つとにこれに気づいていたが、宮地直一氏などは、「出雲人が大古紀伊半島に移住した」という「出雲原郷説」を唱えたが、私は、これに対して、逆に「紀伊海人が瀬戸内海をまわり、出雲に移住し、熊野大神や素尊などの崇拝を移したのである」と考えたのである。出雲と紀伊の両国にある、同名ないし同系の式内社を比較してみると、須佐神社ばかりでなく熊野社以外のすべての社が、出雲側はことごとく小社として記されているのに対し紀伊側の社は全部大社ないし名神大社として記され、朝廷で古く重視されていたらしいことがわかる。

私は出雲国造の奉斎した熊野大神も、須佐氏族の奉じた素尊も、その本貫は紀伊であって、最初紀伊海人によって出雲の東部地方に運ばれ、やがて後に山間部に鎮斎されるに至ったのであろうと考えている。これらの神々が海洋性をしだいに失ってからも、なお強く保持していた神徳は、樹木の生成であり、また豊饒のもたらし手であるということであったらしい。素尊のオホゲツヒメ殺しによる穀物起源説話は、その伝承の母胎地は不明であるが、彼が豊饒霊格であるという特性をよく表わしている。

紀伊の熊野大神の名はケツミコであり、出雲のそれはクシミケヌであることは知られており、ともに穀神を表わす名で、平安以後は完全に同体視されているが、素尊とは別神である。出雲国造家は、出雲の熊野大神を極力素尊と同一視しようとして『出雲国風土記』や『出雲国造神賀詞《いずものくにのみやつこのかむよごと》』には「イザナギの愛子《まなご》」と呼んでいたが、大和朝廷ではこれを認めたとは思えない。しかし、この両神は、ともに紀伊を本貫とする海人系の神であったことは共通である。

素尊や五十猛《いたける》が、新羅のソシモリに降ったとか韓国から渡来したという『日本書紀』の伝承は、三品彰英氏なども説いたように、彼ら紀伊海人が豪族紀氏《きの》などに率いられて大和朝廷の対韓征略のパイロットなどをつとめたことの神話的反映であろう。

『旧事本紀』によると、五十猛以下三柱の樹木神は、紀伊国造の奉斎する神であるという。紀伊国造である紀氏は、五、六世紀ごろの対韓交渉にしばしば主役をつとめ、渡来人とはゆかりの深い氏族である。

『新撰姓氏録』を見ても、紀朝臣《きのあそん》の同族には、曰佐《おさ》、紀辛梶臣《きのからかじのおみ》（韓梶）などの渡来族と思われる名もある。山城皇別の曰佐氏《おさうじ》などは、欽明《きんめい》の御代《みよ》に同族四人と国人（たぶん韓人）三十五人を率い、帰化し、訳《おさ》の官（通訳）としたので、時の人が訳氏《おさうじ》と呼んだという。紀氏の一族とされたが、実は紀氏の対韓交渉とともに、古く渡来した韓人で、のちに紀氏一族に加えられたのであろう。

紀氏の水軍の主体となった紀伊海人も、しばしば行なわれた韓土への渡航により韓人と交流を深め、韓海人部《からあまべ》などの韓人系海人をも加え、その奉じる神も、しだいに大陸系のシャマニズム風の英雄神、鍛冶神、刀剣神などの要素が加わってきたのであろう。

6　巫祝団とスサノヲ

素尊の崇拝は、海人の大陸交渉の結果、北方的な巫俗文化の影響を受け、その神はやがて鉄剣韓鋤剣《からさいのたち》を帯び、颯爽《さつそう》と出雲の鳥上峯《とりがみのたけ》に天降る山上降臨の天神・英雄神となった。

素尊がとかく朝鮮と関係が深いことは事実である。その渡った新羅のソシモリは、国都を表わす語であることは、諸家が論証している。

熊成峯《くまなりのたけ》も、任那の熊川《くまなり》もしくは百済の国都の熊津《ゆうしん》（公州）を指すことが、今西竜、三品彰英氏などにより論証されている。藤井貞幹は素尊を辰韓《しんかん》の主なりとし、新羅第二代の南解王次次雄と同一視したが、近くでも、今西竜、田中勝蔵、水野祐などの諸氏は、この素尊の名を、須佐之男、須佐能袁、須佐能乎、素佐能雄のように、いずれもはっきりと「の」を伴って表記しているもののほかに、素戔嗚、速須佐雄、速素戔嗚などと、どう見ても、スサウ、スサヲとしか読めない表記のものがあることに注意し、それは大陸系の語で韓語であろうとした。すなわち次次雄《ススン》ないし慈充《ススン》 su-sung が、『三国史記』の金大問の註によれば、巫覡《ふげき》を意味する語であることと関連して、それに近い訛音のスサン su-sang からスサウ、スサヲと表記されるようになったというのである。したがって素尊は、大陸系のシャマニズムの神であり、新羅系の渡来民の奉じた蕃神（外国の神）であるということになる。これについては、私も、前の『日本神話の形成』で、種々の立場から詳細に分析して、その蓋然性を立証した。水野氏などは、この巫覡神的・蕃神的要素を、この神の内性の第一義であり、その原像だと主張し、吉備や出雲のこの神の崇拝を、韓鍛冶《からかぬち》部《べ》や巫祝の徒が奉じていたものと考え、「須佐」とは巫覡のセンターを表わす地名だとしている（『出雲神話』）。

私は、素尊の本来の原像を、海の果ての根の国から来訪するマレビトであると考え、こうしたシャマニックな要素、天神的な要素を、はたして本来的なものであるかどうか疑問に思っているが、しかし、この要素も確かに存在していたことは事実である。

『旧事本紀』を見ると、この素尊の祭祀に関係あると思われる須佐連《すさのむらじ》の家は、饒速日尊《にぎはやひのみこと》十世の孫物部真椋公《もののべまくらのきみ》の裔《すえ》といわれ、巫部連《かむなぎべのむらじ》と同祖で物部の一族とされている。『新撰姓氏録』によると、物部真椋大連《もののべまくらおおむらじ》は、雄略の御世、巫覡団を率いて帝の御病気を癒したと伝えられる。須佐連はこの巫覡団の元祖を祖先としているのであるから、もともとその出身であろう。物部の一族といっても、本来から物部氏と関係があったかどうかはわからない。物部氏は、かつて宮廷の軍事・警察ばかりでなく、呪術的祭祀なども掌ったと思われる要素があるから、その職掌の関係で結びつき、物部氏の一族に加えられたのかもしれない。

素尊と北海の武塔神とを同一視した『備後国風土記』逸文や、またこれと牛頭《ごず》天王《てんのう》とを同一視した『釈日本紀』の説は、後世的な習合現象であろうが、もともとなかばそうした要素をもって成長した神であったのであろう。『古事記』を見ると、その神系に、諸蕃の奉祀する山城の蕃神である韓神《からかみ》、曾富理《そふり》（ソフル、ソウル＝都城）神《のかみ》、白日神、聖神《ひじりのかみ》などが名をつらねている。肥後和男氏などは、この武塔神の名を、朝鮮の「巫」を表わす「ムーダンmudang」という語を漢字で表記したものと考え、大陸系の巫覡神であると考えている（『古代伝承研究』）。

素尊の崇拝をもたらした紀伊の海人は、大陸のシャマニズム風の祭祀を取り入れ、朝鮮の巫祝王ススンなどと己れの祖神とを同一視したりし、一種の巫祝団体のような形のものができたのであろう。それとともに大陸系巫覡の刀剣祭祀や鉄鍛冶の技術なども、取り入れたのであろう。

八岐大蛇《やまたのおろち》と草薙剣《くさなぎのたち》の話が、一面に斐伊川《ひいがわ》上流に古来多く産出する砂鉄をもって、出雲の鍛冶部《かぬちべ》が刀剣を製していたという史実と関係があることは、山田新一郎氏以後多くの史家の論ずるところであった。『出雲国風土記』仁多郡や飯石郡の条にも、鍛鉄のことが見えるし、また後世でも、この地は金屋の徒、タタラ師たちの中心地であった。

『出雲国風土記』には、八岐大蛇譚は触れられていないが、斐伊郷の条には、樋速日子命《ひはやひこのみこと》という神名が出ている。この神は鍛冶部の祭っていた火の神であったらしい。『古事記』に見える、イザナギが火の神カグツチを斬った時、その刀の本《もと》についていた血が岩群《いわむら》にほとばしりついて、化生した神樋速日神《ひのはやひのかみ》と似た名である。また『日本書紀』の天安河《あめのやすかわ》のウケヒの条に、スサノヲの左足から化生した熯之速日命《ひのはやひのみこと》とも似ている。もし後者と同一神とすると、素尊の御子神で、鍛冶部の火の神ということになり、八岐大蛇神話と無縁ではなくなる。火の燃え上るのが速やかであることを讃えた名である。

おまけに、『出雲国風土記』の飯石郡熊谷郷《くまだにごう》の条には、クシイナダヒメと似た名のクシイナダミトヨマヌラヒメというのが出てくる。加藤義成氏などは、奇稲田《くしいなだ》見《み》豊真《とよま》瓊《ぬ》ら姫《ひめ》、すなわち「豊かに美しい玉のような姫神」という称号を持つ、奇稲田《くしいなだ》媛《ひめ》のことであろうというが、そうだとするとクシナダヒメの人身御供神話がやはり語られていたことになる。前にも述べたように、蛇神に捧げられた処女の名としてクシイナダヒメ、クシナダヒメは、古くから民間に広く語られていた名であったらしいからである。

出雲には古代から竜蛇信仰が盛んであり、出雲大社、日御《ひのみ》碕《さき》神社、佐太《さだ》神社などの「竜蛇《りゅうじゃ》様《さま》」をはじめ、農神としてのサンバイ様や、田畑の中に神聖な叢林のある荒神様、また憑物《つきもの》としての蛇形のトウビョウなど、数多くの蛇神の信仰が残っている。

八岐大蛇で名高い簸川《ひかわ》平野地方ではことに盛んで、大きなワラの蛇を作り、これを神木に巻きつけ、これに幣やワラ苞を立て、これに酒食を供えたりする風があり、八岐大蛇に対して最初素尊が「汝は畏き神なり。御饗《みあえ》せざらむや」といって、酒を供えたという『日本書紀』の一書の伝えを連想させるものがある。おそらく八岐大蛇も、斐《ひ》の川（簸川《ひのかわ》、斐伊川）の上流で水の主《ぬし》として崇拝された蛇神であり、これに対してとくに選ばれた斎女が供饌《きょうせん》を行ない、また蛇神と婚するという秘儀が行なわれていたのであろう。そこへ東から進出してきた英雄神・刀剣神の崇拝が、その奉戴者である須佐氏族および巫祝団により、その地にもたらされ、大蛇は神としての地位を逆転され、英雄スサノヲに剣で斬り殺される邪霊になり下がってしまったのであろう。

　このタイプの説話は「ペルセウス・アンドロメダ型」といわれる世界拡布の人身御供譚に属するのであるが、これは金属器をともなうかなりな高度文化の所産であろうと大林太良氏なども述べたように（『日本神話の起源』）、低次文化のものではない。蛇体の主《ぬし》に捧げられる娘を助けて蛇を退治するという筋は、少なくとも、従来の竜蛇形の神を邪霊視するという、一歩進んだ思想の産物である。これは大陸的な新思想で、『常陸国風土記』の有名な夜《や》刀《と》の神退治の説話や「仁徳紀」の茨田堤《まむたのつつみ》の人柱になることを拒絶した茨田連衫子《まむたのむらじころものこ》の説話などにも見られるものである。

　実際に処女の人身供犠が行なわれたという証拠はどこにもない。おそらく単に民間説話として、英雄神スサノヲの神徳の顕彰のために巫覡の徒や鍛冶部《かぬちべ》の工匠たちによって語られ、斬蛇剣の韓鋤剣《からさいのたち》や、大蛇から出たという草薙剣など、神剣由来譚として語られたのであろう。稲田に雨水をもたらす蛇神は、かくて、英雄に退治される存在とされ、その相手役であった稲田の女神は、人身御供の乙女の名となったのであろう。

　素尊の崇拝の出雲での本源地は必ずしも西部の須佐ではなかったと思われる。むしろ『出雲国風土記』に見える東部の意宇郡の安来や、大原郡の須賀宮や御室山などの方が古かったのではないかと思われる。須佐はその西進の最後の拠点となった場所なのであろう。『古事記』に見える、大国主の根の国行きの神話における素尊は、最初はマレビトとして若者たちに成年式のオーディール（試練）を課し、一人前の海人にしたてる祖霊的な存在であったのであろうが、後になるとしだいに巫覡団、戦士団の守護神のような存在となり、後継者である大国主に、おのれの娘のスセリビメをやり、それとともに生太刀《いくたち》・生弓矢《いくゆみや》・天詔琴《あめののりごと》などの呪宝を授けて、中つ国の支配者とし、顕《うつ》し国玉《くにだま》の神（国土の霊の体現者としての祭司王）にさせる存在であった。

素尊はここでは頭に蜈蚣《むかで》がたかり、長大な髪を持つ怪力の主であり、蛇の室《むろや》や蜂、蜈蚣の室《むろや》などの怪奇な数々の区画を持つ冥府の宮殿の王者である。蛇や蜈蚣の主であるポリネシアの冥府王ミルに似ている。

生太刀と生弓矢は、物部・石上の天璽《あまつしるしの》瑞宝《みずたから》の中の生玉《いくたま》と足玉《たるたま》と同じく、文字どおり「人を生かす呪能を持つ太刀と弓矢」で、巫の持つ鎮魂《たまふり》の呪具、また天詔琴は、託宣を行なうための楽器である。これらを持って根の国から還り、神霊から起死回生の呪物を授かり、他界から戻り、偉大な巫祝王になったという、大国主の物語は、出雲人のシャマニックな巫祖伝説であろう。

このような素尊と大国主との結びつきは、東部から西進していった素尊の崇拝と、西部の杵築《きづき》地方が重大な拠点であった大己貴《おおなむち》（大国主）の崇拝とが結びつき、やがて出雲パンテオンという大きな信仰圏の中に包摂されるにいたった結果の産物であろう。そうなったころには、素尊の根の国は完全にかつての海洋性を失い、黄泉平坂《よもつひらさか》などで現世と隔たっている地下的な世界とされてしまったのであろう。その時期は、六世紀中葉以降のことであろうと考えているのである。

第三章　アマテラス神話の源流

1　戦後の皇祖神論

戦後の日本神話研究の動向において、最も大きな課題の一つになっているのは、戦前までは厳重なタブーとされていた皇祖神天照大神《あまてらすおおみかみ》の起源に関する問題である。言いかえれば、アマテラスははたして起源的にはどういう神か、女神とされているのは何故か、またさらにつっこんだ問題として、いったいアマテラスは最初から皇室の祖神とされていたのであろうか、もしそうだとすれば、どうして大和の地から離れた伊勢のような遠隔な地に遷座したのであろうか、もしそうでないとすれば、皇祖神とされたのはいつごろか、また伊勢への遷幸伝説はどう考えられるべきものか等々、いくたの謎にむかって、追究がなされていったのである。

アマテラスを、高天原パンテオンの主神としている記紀の神代巻や、そのエンブレム（象徴物）としての神鏡八咫鏡《やたのかがみ》を、皇女のトヨスキイリヒメとヤマトヒメが受け継いで、大和から伊勢にまで運んだという、『日本書紀』崇神《すじん》・垂仁《すいにん》の巻などの説話などは、もちろん、八世紀初頭成立の記紀の編纂当時の朝廷に、そのような伝承が成立していたというに過ぎないもので、それをそのまま古くからの民衆の信仰であったとか、なんらかの史実が基礎となっているとか、単純に考えることが、歴史科学的に誤りであることはいうまでもない。

もちろん戦前といえども、津田左右吉氏のごとく、冷厳な歴史学的批判をもってこの問題に触れた少数の学者もいたが、厳しい当局の検閲や激しい弾圧の前には、多くの学者は沈黙を守らなければならなかったのである。

津田氏は、天照大神という神格は日神の裔《すえ》、日の御子が国土を統治するという政治的理念に基づき、皇室の祖先として、六世紀ごろの大和朝廷で机上に作成した架空の神で、なんらの民間信仰とも関係がないが、もともと太陽崇拝の地であった伊勢と結びつけられ、崇神・垂仁朝の伊勢遷幸と鎮座の伝説がつくられたのであるといい、伊勢神宮の実際の建設も、最初の神代史の述作以後のものであり、伊勢遷幸説話は、それを説明するためにつくられた鎮座伝説であろうと説いた。津田氏の見解は厳密な史料批判に基づいたものであるが、天照大神の大和朝廷内における祭祀や伊勢神宮の祭式などの具体的な分析を行なわず、民俗伝承との比較も行なわず、すべて少数貴族の政治的・理知的産物であると、合理的に割り切りすぎた点があった。しかし、この問題に対して最初に科学的な批判の眼を向けたのは、この津田氏の説であり、この傾向は、特に戦後になって、歴史学界で受け継がれ、大きく展開させられていった。

戦後になってから、いくたの批判研究が堰《せき》を切って現われたが、特に津田氏の所説の中の、やや合理主義にすぎる部分である、天照大神の神格そのものを政治的意識の産物とする見解や、伊勢神宮の建設を、その政治的理念に基づいて新しく造られたものであるとする見解などを止揚して、むしろ伊勢地方に、プレ伊勢神宮ともいうべき太陽神を祀る土着の社があったとし、この祭神を天照大神であるとし、この崇拝を宮廷に取りこんで、この神を皇室の祖神にしたてあげたのが、大和朝廷の貴族たちであるとする見解が多く出てきた。

丸山二郎氏は、伊勢神宮がもともと皇室と関係のない伊勢の地方神であり、この地が大和朝廷の東方発展の拠点とされたらしいことや、大和の東方に当たるために日の神の霊地と考えられていたことにより、皇室と特別な関係を生じ、これが六世紀後半以降に、皇祖神天照大神と同一視されたのであると説き、ほぼ津田氏の見解にそってこれを発展させた。直木孝次郎氏は、さらに一歩すすんで、神宮に古くから日祈内人《ひのみのうちうど》、日祈御巫《ひのみのみかんなぎ》の名が見えることなどからすると、この社自体もともとアマテラスもしくは太陽の神を祀っていたものであり、また皇祖神という観念は、一般の祖先神が氏の神とせられた七世紀後半以降の風潮の産物であって、特にこの大神が、皇室の氏神として、最高の地位を占めるようになった契機は、壬申《じんしん》の乱における大神の冥助による天武側の勝利であるとし、この神の皇祖神化の歴史的過程を、みごとに浮彫りした(『日本古代の氏族と天皇』)。この説を受けて、主として歴史学界の方から、上田正昭、筑紫申真、岡田精司などの諸氏が、主として伊勢神宮の成立、およびこれと大和朝廷との交渉関係の考察をつぎつぎと行ない、特に筑紫氏や岡田氏などが、伊勢神宮の祭式の分析を行なってから、この問題は、ますます脚光を浴びてきた。すなわち、皇祖神を祀る伊勢神宮の成立以前の、いわばプレ伊勢神宮がどんな形のものであったか、またこれがどうして皇室とかかわりを持ったのか、それ以前の皇室ではどんな神を皇祖神としていたか、というような問題が論議の課題となった。

これに対して、エスノロジカルな立場から、日本神話の解明に取り組み、天照大神は本来の皇祖神ではないとしたのは、民族学者の岡正雄氏である。氏は、昭和二十三年（一九四八）に、石田英一郎氏の司会で、江上波夫、八幡一郎の二氏との対談を行ない、その席上で発表せられた江上氏の「騎馬民族説」と呼応して、侵入支配民族対被征服民族という、民族史的な現象から、この問題を解明しようと試みた。

『古事記』や『日本書紀』の一書の二に見える天孫降臨の物語や、『古事記』の神武の東征の物語などに、天照大神とならんで、高御産巣日神《たかみむすびのかみ》（高皇産霊神）、別名高木大神《たかぎのおおかみ》が高天原のパンテオンの主座を占め、ほとんど常にこの二者並立の形で命令が下されているのは不思議なことであるが、岡氏はこの二元性は、南方系（東南アジア系稲作民）の先住母系種族の太陽女神・農耕母神であるアマテラスと、北方系（北アジア系遊牧民）の侵入父系種族の天神であるタカミムスビとの、信仰的・文化的・民族的な混融の結果の現象であろうといい、またこの天孫にしたがって天降りしたという五伴緒・五部神は、本来ツングース系の五組織に由来し、高句麗に涓奴部《けんなべ》、絶奴部《ぜつなべ》、順奴部《じゅんなべ》、灌奴部《かんなべ》、桂婁部《けいろうべ》という五部があったり、百済に上部、前部、中部、下部、後部という五部の制があったりしたのと関係があり、ツングース系のタカミムスビ種族に固有な制度であったろうと述べている。

この説は、従来、ただ南方系だとか北方系だとかいって、いくつかの説話的類似を採り上げて、漠然と行なっていた種族系統づけの試みを、整然とした文化史的民族学の図式で説明し、神話をもそうしたシェマで分解しようとしたもので、このときの江上・八幡両氏の説とともに、学界に大衝動を与えたが、賛否はさまざまであった。その学説がきわめて広汎な視野を含んだ立体的・独創的なものであることはたしかであるとしても、細部の点になると、立論がやや粗雑であり、シェマ的でありすぎることや、神話と儀礼の相関性や、神話自身の歴史的成長の過程の追究や、細かい文献的検討などが、不十分であることが指摘されている。

たとえば、氏の立論にしたがえば、アマテラスが新嘗を行なう農耕的な女神となっているのは、単純に母系的な稲作民の太陽神だからであり、また本来、被征服民の神であったはずのこの神が、支配者側の皇室の祖神となったのは、支配者の貴族たちが、先住民の女性たちを妻として、子を生んだため、母方の信仰が入りこんだことによるという。またタカミムスビが、本来の皇室の祖神であるのは、『日本書紀』の本文などに、この神だけが皇孫ホノニニギの天降りを命令しているという伝えがあることを見てもわかるが、またこの神の別名である高木大神という名が、本来、天の神が高い神木をヨリシロとして来臨するという北アジア系の信仰と関係があり、また王家の祖先が山上の高い樹の上に降臨するという、朝鮮の檀《だん》君《くん》神話などに見える、山上降臨型神話の主役として、ふさわしいということを見てもわかるという。

しかし、文献を細かく検討してみるなら、そのシェマには合わない部分が数多く出てくる。アマテラスが女神とされたのも、長い歴史的変遷の過程を含んでおり、後にも述べるように、かつてはこの女神は男神であったという証跡が見られる。またこの神が本来、被征服農民の神であったとすると、民衆の間に広く崇拝されていたことになるが、事実は、皇室以外は奉幣を禁じられて、皇室だけの神とされていた。むしろタカミムスビの方こそ、『新撰姓氏録』などを見ても、畿内の神別氏族の多くが、この神を祖としているのである。

またこのタカミムスビと五部神との結びつきも、よく説話の異伝をならべて検討するなら、この関係はむしろ薄く、かえって五部神は、アマテラスにいつも結びついていることがわかる。

天孫降臨神話の各異伝を整理し、その中の最も素朴な原型を残しているのは、『日本書紀』の本文およびその一書の四および六に見える、タカミムスビだけが生まれたばかりの嬰児ホノニニギを、真《ま》床《どこ》追《おふ》衾《すま》に包んで、群神も神器もともなわず、天降らせるという伝承の形であるとしたのは、三品彰英氏である。これはまさに的確な観察である。たしかに、この神のほかに、アマテラスが登場する『古事記』および『書紀』の一書の二になると、諸部神が随伴し、神器や神勅が現われる。五部神は、『古事記』と、アマテラスのみの出てくる『書紀』の一書の一の伝承にだけ出てき、三種の神器の数もそろい、天壌無窮の神勅なども出されて、最も発達した形式となっている。

つまり端的に言えば、五部神はタカミムスビとホノニニギだけが登場する素朴な形の説話には現われず、アマテラスが登場する高度な政治的説話にのみ、これにともなって出てくるのである。もし、この五部神の物語が、本来ツングース出身の、皇室に固有のものであるとすれば、この祖神であるタカミムスビの神話のすべてに、五部神が出てこなければならないはずである。

しかしこの細部の点は別として、タカミムスビが本来の皇室の祖神であるとする考えかたは、この二元性の問題の解決に、重要な示唆を与えたことは否定できない。この問題に対して、満足のいく解釈を与えた説は、まだなかったのである。

タカミムスビが、カミムスビなど他の七神とともに、宮中神祇官の西院に祀られ、御巫《みかんなぎ》の奉仕する八神殿として、天皇、皇后、皇太子の御寿の守り神とされ、その御魂のタマフリのための祭り、鎮魂祭の主祭神であったことは知られている。鎮魂祭の行事の一つとして、神祇伯が木綿《ゆう》の糸を呪術的作法によって結ぶ、いわゆる御玉結び（魂結び）があり、これが天皇の遊離しようとする御魂を、結びこめる行事であったことは、『貞観儀式《じょうがんぎしき》』『延喜式』『西宮記《さいくうき》』『北山抄《ほくざんしょう》』『江家次第《ごうけしだい》』などでよく知られている。

折口信夫博士は、この玉結びの呪術を、『万葉集』にしばしば見られる「草結び」「枝結び」「紐結び」と同じく、特殊の結び目に霊魂を封じこめるという呪術であると考え、タカミムスビ以下ムスビの神を、そうした鎮魂呪術の神であるとし、この神とアマテラスとの結びつきを、日神の化身としての天皇とこれに玉結びの呪術を施す術者との儀礼的関係によって説明しようとした（『折口信夫全集』二十巻）。この見解は独創的なもので、肯定すべき徴証を多く含んでいるが、ただこの説は、この二神の並立の神話を説明することはできても、『日本書紀』本文などに見える、タカミムスビ一神だけが皇孫に命令を下している伝承の説明には困難な点がある。

私はタカミムスビが皇室本来の祖神であったことを論証するため、この神祇官の八神殿の成立に関して、論文「大嘗祭と記紀神話」（『日本書紀研究』第四冊、後に『古代伝承と宮廷祭祀』に再録）を書き、その八神殿の神こそ、皇室固有の氏神・守護神であり、しかもこの主神タカミムスビは、もともと大和朝廷の貴族たちの祀っていた生産の神、農耕神であったことを、推定したのであった。この説は、上田正昭、吉井巌氏などの多くの古代史家の賛同を得、またさらに展開させられていった。

この神祇官の西院（斎院）にます御巫《みかんなぎ》の祀る八神殿の神とは、カミムスビ、タカミムスビ、タマツメムスビ、イクムスビ、タルムスビ、オホミヤノメ、ミケツカミ、コトシロヌシの八座であることが、『延喜式』神名帳に記されている。

最初の二神は、記紀の神代巻に、天御中主《あめのみなかぬし》につづいて出現する神で、造化の三神の中に数えられている。ことに、『日本書紀』顕宗天皇の三年二月の条に、阿閉臣事代《あべのおみことしろ》という人物が、勅命によって任那に使したとき、月神が人に憑《の》り移って託宣をしたという記事があり、その神託のことばに、「あが祖高皇産霊《おやたかみむすび》、天地を鎔造《ようぞう》するに預りたまふ功あり」と言って、タカミムスビに土地を献じて、祭祀を行なうようにという指示があったのを見ると、タカミムスビが、かなり古くから、造化の神とされ、神々の祖神とされていたことがわかる。

ムスビの神のムスビには、産巣日《むすび》（記）とか産霊《むすび》（紀）とか産日《むすび》（『延喜式』）とか、いろいろな字を当てるが、その字を見ても、もともとこの語は「生成」「生産」を表わすムスと、「神霊」もしくは「太陽」を表わすヒとの合成語であることがわかる。天地や国土を生成させる原動力に、このような神々の祖神が考えられたのであろう。この二神のうちタカミムスビは普通男神であるのに対し、カミムスビは、『古事記』に神産巣日御祖命《かみむすびのみおやのみこと》などと、「母親」を表わす「御《み》祖《おや》」という語を添えて呼んでいるのを見ると、女神であることがわかる。

この神々が、鎮魂の神、玉結びの呪術の神とされ、ムスビが「産《む》す霊《ひ》」でなくて、「結び」だとされるに至ったのは、たぶん後世的な機能の転化によるものであろうが、どちらにしても、天皇家の守り神であると考えられたことにはまちがいはない。タマツメムスビ、イクムスビ、タルムスビは、「四時祭式《しじさいしき》」によると、魂留魂《たまつめむすび》、生魂《いくむすび》、足魂《たるむすび》という字を当て、それぞれ霊魂を体につなぎとめる力、人に活力を与える力、霊魂を充足させる力を意味し、文字どおり鎮魂のいろいろな効用を神格化したものである。オホミヤノメは宮廷に仕える巫女の神格化、ミケツカミは、稲米の霊であり、この鎮魂の祭りに供える神饌《しんせん》の神格化、コトシロヌシは、その祭りに唱える呪言を司る神である。古い宮廷の祭祀を掌る神祇官は、この八神殿を主神としており、別に天照大神を祀ることはしなかった。

アマテラスは、祈年祭（旧二月）と月次祭《つきなみ》（旧六月・十二月）に祭られたが、その祝詞《のりと》の文面を見ても、アマテラスについては、祭りの本質部分に登場せず、いちばん最後にわざわざ取ってつけたような形で「辞別《ことわ》きて、伊勢に坐《ま》す天照大神の大前に白《もう》さく」などとしていて、明らかに後世の付加物であることを察せしめる。この祭りの中核部分に関係する神格は、祝詞の最初に出てくる「御年《みとし》の皇神」、すなわち御歳神であったことは、『古語拾遺《こごしゅうい》』に、その由来があり、その祭られる主人公が御歳神となっていることでもわかる。御歳の神は「年穀」の神、つまり穀霊である。

では、アマテラス・オホヒルメを祀った祭所は宮廷にはなかったのであろうか。また彼女に対する祭りは、宮廷では行なわれなかったのであろうか。

それはたしかにある。祭所としては、アマテラスの神鏡を祀った内侍所《ないしどころ》（後の賢所《かしこどころ》）があり、祭儀としては、これに奉仕する月毎の御供《ごく》（例供）や、これに対する奉納芸能である御神楽《みかぐら》、およびもっと古くから行なわれた天皇の御寿の祭りである鎮魂祭がある。

　鎮魂祭については、後で述べることにするが、内侍所については、どうであろうか。

　アマテラスのエンブレムである八咫鏡《やたのかがみ》は、前述のように『日本書紀』の「崇神紀」には、天皇が同殿共床で奉じていたのを、神威を畏れ、草薙剣とともに宮廷外に出し、皇女トヨスキイリヒメに奉仕させ、大和の笠縫邑《かさぬいのむら》に遷し、つぎの「垂仁紀」に、皇女ヤマトヒメが、さらにこれを諸国をめぐって伊勢に運び、五十鈴川の川上に神宮を建てて祀ったという伝承があり、それは伊勢神宮と、これに奉仕する斎宮の起源を物語るものであるが、その後の宮中でどうしたかは記紀には記載がない。『古語拾遺』によると、その後、斎部《いみべ》氏に命じ、新しく鏡と剣とを造り、これを御璽《レガリヤ》とした。これが践祚《せんそ》の日に忌部（斎部）氏が奉る神璽《しんじ》の鏡剣であるという。すなわち天皇即位のときの三種の神器は、この鏡剣に、前からあった曲玉を加えたものである。

　しかし、この伝承がはたして史実をどの程度、伝えているかは別として、新しく崇神朝に造ったというレガリヤ（王侯の位のしるし）の鏡も、いつのころからか宮中の内侍所に祀られ、これまたアマテラスの神鏡として、「伊勢の御神」と呼ばれ、伊勢と同様な祭祀を受けたのである。

　鎌倉時代の『禁秘抄《きんぴしょう》』によると、天皇はこれを代々伊勢の神鏡と同一視して、神事も伊勢と同じ祭りを行なってきたが、最初はやはり天皇と同殿で奉仕していたため、天皇は朝夕となく冠をつけていなければならなかったと記している。

ところで、いつのころからか、これを他の二神器と引き離して温明殿《うんめいでん》に置き、内侍所として奉仕させたのであるが、『撰集抄《せんじゆうしよう》』（鎌倉時代の承久年間の作）によると、宇多院のときから温明殿に遷したといい、『古今著聞集《ここんちよもんじゆう》』には、清涼殿から、それより板敷を高く構えた温明殿に遷したのだという。この年代は、史実をほぼ伝えているらしく、角田文衞博士なども、これを史実性あるものと見ている。

また、内侍所とか温明殿とかの名が、神鏡の奉斎所として崇敬の対象となったという、はっきりとした文献記録は、古いところでは、平安時代の『貞信公記《ていしんこうき》』や『本朝世紀《ほんちようせいき》』に見える、天慶《てんぎよう》元年（九三八）の記事に、この神鏡を納める忌辛櫃《いみからびつ》について「相伝へて曰く、伊勢の大神の分身なり」とし、「事に触れ、祈禱する毎に霊験奇異なり」などと記されているものがあるが、それより古い記録にはそうした崇拝・祭祀されたような形跡はない。

温明殿は古くは女御や女官の局のあったところで、別に祭祀の対象ではなかったのであるが、ここにはいつからか神鏡を納めた辛櫃や百済《くだら》伝来の宝器という大刀契《だいとけい》などを入れた細櫃などがあり、主上の日常の御殿である清涼殿内に安置する神璽・宝剣とともに、天皇のレガリヤを構成する御物の安置所となったのである。したがってこの中には、この神鏡以外にも、他の宝物も多くあったし、これらは別になんの祭祀も受けていなかった。

この中の鏡だけが特別扱いを受けて、伊勢のアマテラスの神体と同一視され、本格的に伊勢と同じような神事を受けるのは、実は平安時代もなかば以後のことである。毎月朔日《さくじつ》の「例供」も、『公事根源《くじこんげん》』によると、宇多帝の寛平《かんぴょう》年間に始まったといい、毎日の石灰壇《いしばいのだん》での御拝も、古い記録には何もない。寛平年間というと、ほぼ神鏡を温明殿に遷したと伝えられるころであるから、多少ぼちぼちと崇拝は始まったのかもしれないが、まだ特定の祭儀などはなかったらしいことは、十世紀の後半の『西宮記』には何も記されていないことでもわかる。

これに対する毎年の神事儀礼として、内侍所《ないしどころ》の御神楽《みかぐら》が成立したのは、十一世紀初頭の一条朝であり、その歌にオホヒルメが歌われたのである。この神事の完成に、藤原頼通《よりみち》の意志が強く働いており、その意向によって、伊勢神宮の祭祀儀礼が大幅に持ちこまれ、内侍所神楽が確立したものらしいことは、前に論文「内侍所神楽の成立」(『平安博物館研究紀要』第四輯、後に『古代伝承と宮廷祭祀』に再録)で、論じたことがある。

ともかく、こうした内侍所祭祀、つまり天皇のレガリヤの一つとしての鏡を伊勢神宮の神鏡と同一視し、祭式や供饌を行なったことは、平安中期以後のことと考えられるのである。そして、古くは単なる宝物であり、王位のレガリヤにすぎず、現在までもなんの祭祀も受けていない剣や曲玉と同じく、崇拝・祭祀の対象ではなかったようである。

津田左右吉博士なども説いたように、伊勢の神体としての鏡と、天皇のレガリヤとしての鏡とは、本来まったく別物であったのであろう。それが、やがて同一視され、両者ともアマテラスのエンブレムと考えられるようになると、崇神・垂仁朝の宮廷から伊勢への遷幸伝説や、『古語拾遺』のレガリヤ新作説が生まれてくるのである。

三種の神器は、本来、物部《もののべ》氏の伝来の十種の瑞宝《みずたから》などと同じような、一種の呪具であり、王権のレガリヤで、祭祀の対象ではなかったが、その一つが伊勢の神体と同一視され、他の一つの剣が熱田神宮の神体と同一視され、それらの関係を説明するために、倭姫《やまとひめ》や倭建《やまとたける》の命《みこと》の物語などができたのであろう。またそれによって、内侍所の鏡は特に重視され、伊勢の様式によって祭祀を受けるようになったのであろう。

これで見ると、宮中のアマテラス祭祀は、固有と思われるものは一つもなく、みな後世、それもずっと後の平安時代になって初めて、神話の影響や、それに基づく伊勢などの祭祀の取り入れによって、成立したものであることがわかる。

もし伝説どおりに、宮中にあった神鏡を、伊勢に遷し祀ったのが史実であるとすれば、内侍所や、天皇の古い即位式であったという大嘗祭の悠紀《ゆき》・主基《すき》の二殿などと、伊勢神宮の社殿とが構造も同じであってよいはずであるし、またこれを納めた容器も同じ形であってよいはずである。

しかし、事実はまったく違った異質のものであったし、その祭祀の方法も違っていたのである。

2　タカミムスビと大嘗・新嘗祭

天皇の御世はじめの新嘗の祭りである践祚大嘗祭《せんそだいじょうさい》は、天皇の即位式の古い面影をとどめている王権祭式であるが、実はこの中でも、古くはアマテラスは祭られた形跡がないのである。

室町時代の一条兼良《かねら》の『御代始鈔《みよはじめしょう》』には、大嘗の祭りを行なう悠紀《ゆき》・主基《すき》の二殿の祭神は、「まさしく天照おほん神をおろし奉りて、天子みづから神食をすすめ申さること」と記しているように、アマテラスだとされているが、『令義解』や『貞観儀式』、『延喜式』などの古い記録には、アマテラスだとは何も記されていない。祈年祭や月次祭には、天照大神一座として、はっきり神座が設けられているが、大嘗祭には、そうした名はない。

私は、この大嘗祭の主祭神は、タカミムスビであったろうと考えている。それは大嘗宮ができる前の、いわば準備室ともいうべき、悠紀・主基二国の斎郡《さいぐん》の斎場院と、さらにそこから京に稲穂を運び、これで神饌《しんせん》や神酒を造る準備室ともいうべき、在京の斎場院との、二ヵ所にあった八神殿の神でもあった。

この八神殿は、神祇官の八神殿とは違って常設のものでなく、このときだけに設ける臨時のもので、神社の祭りのお仮屋《かりや》・精進屋《しょうじんや》のようなものであった。この八神は通常、御膳《みかしわで》の八神といい、天皇の守護神であった神祇官の八神とはまるで格式の違う大膳職《だいぜんしき》の神、すなわち台所の神であった。その社殿の造りも素朴・簡素な小舎にすぎなかった。

『貞観儀式』によると、この斎郡の斎田《さいでん》（天皇の供御の材料となる神聖な稲を採る田）のかたわらにあった八神殿は、加工しないままの木（黒木）を用い、草葺き、壁蔀《かべしとみ》も草で、木の扉をつけ、中に竹の棚を安置し、その上にむしろを敷き神座となし、まわりを葦の葉でめぐらしたという。在京の斎場院の八神殿もほぼ同じ形であり、斎郡のそれのいわば複写物に過ぎない。この素朴な仮宮《かりみや》に祭られる御膳の八神こそ大嘗祭の祭神なのであった。

ところが、この八神殿は、実は神祇官の八神殿と、共通の祭神が多いのである。この八座とは、ミドシ、タカミムスビ、ニハタカツヒ、オホミケノカミ、オホミヤノメ、コトシロヌシ、アスハ、ハヒキの八神である。タカミムスビ、オホミケノカミ（オホミケツカミも同じ）、オホミヤノメ、コトシロヌシの四神が共通である。共通でないミドシ、ニハタカツヒ、アスハ、ハヒキの四神は、それぞれ年穀、庭燎《にわび》、大宮地《おおみやどころ》の守り神で、要するに斎場の舗設の神であるから、後世に付加せられた神々にすぎない。また共通の四神のうち、オホミヤノメ、コトシロヌシは、それぞれこの祭りに奉仕する斎女《さいじょ》と祭りに唱える呪詞の神格化であるから、これも直接の祭神とはいいがたい。

結局のところ、大嘗祭の最も古い祭神は、生産の神タカミムスビと神饌の材料となる稲米の神ミケツカミの二神に帰せられるというのが私の結論なのである。毎年行なわれる新嘗の祭りでも、おそらく同じ神を祭っていたであろう。

　民俗学者の石塚尊俊氏などが論じたように、日本の古い祭りは、稲を育てる神と、稲米自身の精霊である稲魂《いなだま》との二者を祭っていたらしい。前者がここではタカミムスビ、後者はミケの神であると考えられる。

　ここで、私はこの大嘗祭の斎場の八神殿こそ、むしろ神祇官のそれのいわば原始形態であり、神祇官のそれは、大嘗祭のそれの常設化であると考え、さらに一歩すすんで最も古い形として、タカミムスビとミケの神を、斎女が祀り、斎田のかたわらの仮宮で稲の初穂を抜いて造った神饌や神酒で奉仕していたという形を考えたのである。これが一方では、そのままの形の仮宮で、庭燎以下の斎場舗設の神を加えて八神としたのが、大嘗の八神殿であり、これを新嘗と切り離して天皇の御寿の守り神として常設化し、タマフリの呪術に関係あるイクムスビだのタルムスビだのを加えて氏神化したのが、神祇官の八神殿なのである。そして、この斎女としては、前者には斎国の大小領、すなわち土地の豪族の女《むすめ》が選ばれる造酒児《さかつこ》が奉仕し、後者には神祇官の御巫《みかんなぎ》が奉仕することに分化したのであろう。

　折口信夫博士の研究（『古代研究』国文学篇）によると、古代の民間の新嘗祭には、家々では男たちはみな外に出はらい、家刀《いえと》自《じ》もしくは処女がひとり居残って斎みこもり、神を迎えて接待し、またこれの一夜妻として奉仕したらしい。『万葉集』東歌の有名な、「にほどりの　かつしか早稲《わせ》を　にへすとも　その愛《かな》しきを　外に立てめやも」や「誰《たれ》ぞこの　家の戸

押そぶる　にふなみに　あが夫《せ》をやりて　いはふこの戸を」などの歌は、みなそうした習俗を表わしている。

しかし、おそらくこうした家ごとの新嘗祭の斎女は、この祭りの祭主としてもっといろいろの仕事が課せられていたのであろう。後世の田の神の収穫儀礼である、北九州の大黒あげ、丑《うし》の日などの習俗でも、祭主はすでに家の主人の男子となっているが、祭主みずから田に行き、刈り残した幾株かの稲穂をかついで来、家に迎え、これを田の神のヨリシロとして箕《み》の上にかざって供饌するし、能登の有名なアエノコトでは、主人が風呂をたてたり、湯かげんを試みたり、また田から田の神を迎えて来、これを接待し、風呂に入れたりする。

おそらく古代の新嘗祭の斎女なども、おそらく抜穂《ぬいぼ》や、これによる神酒・神饌の調進、田の神のための仮小舎の建設、また神に奉る神衣《かむみそ》の調製、祭場のしつらえ、神への供膳やこれとの添いぶしなど、いっさいの行事を、一手に取りしきっていたのであろう。

かなり後世の、職掌が分化し、高度な王権祭式化した大嘗祭でも、造酒児は斎場における抜穂、斎場の造営にあたっての穴掘り、建材のための山の木の伐採、草刈り、御井掘りなど、いっさいの行事に、勅使などに先立って最初に手を下す役であり、また黒酒《くろき》・白酒《しろき》の神酒をかもし、稲米を臼でつき、その水を用いる御井の神を祭ったり、酒の神やカマドの神を祭ったりした。また彼女は大嘗宮の造営にあたっても、賢木《さかき》を手に、木綿《ゆう》をつけて、これを斎場に立てたり、斎鍬《いみくわ》を取って、柱の穴を掘ったりした。大嘗宮での神秘的な儀礼の数々が行なわれる卯の日の当日においても、彼女は多くの官人たちの中で、ただ一人輿《こし》に乗り、神聖な御稲を載せた「御稲輿《おいねのこし》」の前にあって、これを先導した。してみれば、彼女はこの祭りのいっさいの行事、その準備、祭場舗設などの責任者であったらしい。

大嘗祭に統合される以前の、素朴な新嘗の古い形としては、おそらくこのような族長の家の家刀自ないし未婚の女性が、いっさいの行事の管掌者であり、稲魂を迎え祭る唯一の資格者であったのであろう。

『日本書紀』の一書の伝えによると、ホノニニギの妃カムアタツヒメ（一名コノハナノサクヤビメ）は、卜定田《うらえだ》（卜占で決めた神聖な稲田）を狭名田《さなだ》（天上にあるという稲田）と見て、その稲で神酒をつくり、また渟浪田《ぬなた》（水田）の稲で神饌をつくり、新嘗を行なったと語られている。これが『神代口訣《じんだいくけつ》』の説くように、大嘗祭の悠紀・主基の斎田《さいでん》の卜定《ぼくじょう》（卜占で決める）の起源説話であることはたしかであるが、これは同時に、古い形の新嘗祭の斎女の姿を浮彫りにさせる資料である。またこのヒメは、別の一書の伝えに、海岸に八尋殿《やひろどの》を建て「手玉もゆらに機織《はたお》る乙女」であったと記される。これが、大嘗祭のアラタヘ・ニギタヘの神衣を、在京の斎場の神服殿《かむはとりどの》で、織女たちが織っていた行事と関係あるであろうことは、大嘗祭と天孫降臨説話との密接な結びつきからも推察される。これも古くは一人の斎女の仕事であったのであろう。

天孫降臨神話が、もと大嘗祭の縁起譚《えんぎたん》であったことは、武田祐吉、折口信夫、三品彰英など、多くの学者が論証している。天孫ホノニニギの名も、本居宣長が解釈したように、稲の穂が、赤らみ稔り栄えるという「穂の丹饒君《ににぎ》」であろう。つまり新嘗にゆかりのある若々しい稲の神霊の名である。折口博士が、皇孫の包まれていた真《ま》床追衾《どこおふすま》を、一種の物忌《ものいみ》の具で、復活のためにこもるものであるとし、大嘗祭や新嘗祭のとき、神座に敷く御衾《おふすま》がこれにあたるものとしたのは、著名な説である。この御衾にこもってふたたび現われる天皇の姿は、若々しい稲魂であるホノニニギの体現者にほかならない。

　ホノニニギの天降りの前には、その父神のオシホミミが、本来降るはずであったのを、ホノニニギが生まれたので、これを代わって行かせることにしたと、記紀の伝承には記されているが、そのオシホミミもやはりその名は「大きな穂の神霊」を意味し、これにも新嘗の信仰がうかがわれる。『日本書紀』の一書の二に見える、オシホミミが神聖な斎場の稲穂（斎《ゆ》庭《にわ》の稲穂）を持って、天降ってくるという物語は、このミコトが、新嘗の斎場に降下する稲の神霊であることを、表わしている。ホノニニギも、『日向国風土記』逸文によると、稲籾を撒き散らしたら、暗かった天地が明るくなったという神話が語られ、やはり稲米の神格化らしい特色が出ている。皇孫が天降りする高千《たかち》穂峯《ほのたけ》も、元来、特定の山の名というよりは、武田祐吉氏などが述べているように、稲穂が高く千々に稔るさまを表わしたのか、あるいは松本信広氏などが述べているように、稲積の山を表わしたもので、この上に神霊が降下するのである。

中臣氏が大嘗祭のとき天皇に奏上する『天神寿詞《あまつかみのよごと》』の中には、昔、高天原で皇親《すめむつ》カムロギとカムロミの二神が皇孫尊《すめみまのみこと》に命じて、中つ国に天降らせ、新嘗の祭りをせよといったので、この祭りが始まったと語られ、明白にこの祭りと天孫降臨神話との関係が表われている。このカムロギ・カムロミ二神とは、度会延佳《わたらいのぶよし》や本居宣長などは、タカミムスビとアマテラスを指すのだろうと考えたが、『古語拾遺』に、カムロギ・カムロミを、タカミムスビとカミムスビを指す語だとしているのを見ると、それが原初的な形であろう。ここでもやはりアマテラスは入っていない。

タカミムスビを一名高木大神《たかぎのおおかみ》というのは、神木をヨリシロとして祭られる神だからであろう。おそらく斎田のかたわらの八神殿の神座は、みな一種のヒモロギ（神木）であったのであろう。要するに、後世のフォークロアに見られる、苗代田の中央や水口《みなくち》に、タナンボー、ナエボーなどという樹枝を立てたり、田植えの始めと終わりに、朴《ほお》などの樹枝や季節の花を立てて田の神を祭ったりする形と、同じもので、田の神の神木なのである。

この大嘗の八神殿の縁起譚は、記紀の神話には見えないが、その常設化した形の神祇官八神殿のそれは、『日本書紀』および『古語拾遺』に見える「神籬《ひもろぎ》・磐境《いわさか》」の神勅の話がそれである。『日本書紀』では、天孫降臨のとき、タカミムスビが中臣の祖神アメノコヤネと忌部の祖神フトダマに、アマツヒモロギ（神聖な神木）を持たせ、皇孫の伴をさせて天降らせ、「永く皇孫の守りをせよ」と命じたという話である。『古語拾遺』では、タカミムスビのほかにアマテラスまでが出て、皇孫にタカミムスビ以下八神のヒモロギを授け、さらに神武天皇のときに、この示教に基づいて、八神殿が建てられたのであるという話となっている。

これが後世の発達した形の説話であることは論じるまでもない。私はこの八神殿の成立は、実はもっと新しく、西田長男博士などの説くごとく（『古代文学の周辺』）、千申の乱のときのイクムスビとコトシロヌシの託宣、およびその冥助による天武《てんむ》側の大勝利の史実とも関係し、たぶん天武朝あたりであろうと考えているが、それにしても、タカミムスビのオギシロとして、斎田の側に神木を立て、黒木造り、草葺きの小舎というような素朴な時代のプレ八神殿なら、もっと古くからあったろう。もちろん八神の数はなく、タカミムスビ一神の仮宮《かりみや》だけであろう。

神祇官八神殿の神体は、このように神木であるが、その記憶はかなり後代までつづいており、『玉英《ぎょくえい》』暦応《りゃくおう》三年（一三四〇）の条や、『大内裏図考証《だいだいりずこうしょう》』に引く古文書には、神体は神木であると記されている。

もし『古語拾遺』の伝えのように、このヒモロギを、アマテラスが、中臣・忌部の祖の二神に持たせたのだとすると、アマテラスは自分の子孫の安全保証のため、他の神々のヒモロギを授けたことになり、はなはだ不自然である。むしろ『日本書紀』のように、タカミムスビだけがこれを授けた方が、筋がすっきりとする。つまり先祖の神が子孫に託宣を下し、「わしを祭らば子々孫々に恵みを授けよう。祭りかたは、わしのヨリシロである神木を立ててせよ」と言ったことになり、後世のフォークロアにも、しばしば見る形である。

またこの『日本書紀』の話は、神祇官の八神殿の起源を語るものというよりは、むしろ、大嘗・新嘗の御膳の八神殿の起源、いな、それよりはその原型としてのタカミムスビだけの仮宮の起源を語る神話であったのであろう。このように見ると、この大嘗・新嘗の本来の祭神がタカミムスビであることは明らかであろう。アマテラスの登場は、後からの付け加えに違いない。

出雲国造がその世継にあたって、鏡、剣、おびただしい数の玉などの神宝類の献上とともに、天皇に奏上した『出雲国《いずものくにの》造《みやつこの》神賀詞《かむよごと》』にも、「高天《たかあま》の神王《かみのみおや》高御魂《たかみむすび》・神魂命《かみむすびのみこと》」の二神が、皇孫ホノニニギを、地上に遣わすという話になっており、ここでもアマテラスの名は現われない。その文面をそのまま素直に受け取るなら、ホノニニギは、タカミムスビとカミムスビの裔ということになり、その命令で天降りすることになるのである。

タカミムスビとカミムスビは、カムロギ・カムロミと呼ばれ、ギとミとが男女の性別を表わす名であることから、一対の男女神のような形をしているが、もともとそうした対偶神であったかは疑問である。タカミムスビが大伴・佐伯氏、対馬氏、壱岐氏など、主として高天原系の氏族の祖神とされているのに対し、カミムスビは出雲系の氏族の祖神とされ、『出雲国風土記』の中でも、数多くの出雲の神々を御子神としていることは、水野祐、上田正昭、倉塚曄子などの諸氏が説くように、この神が元来出雲の土着神であり、生産の神であったことを示すものであろう。

日本神話における、高天原パンテオンと、出雲パンテオンの、二元的世界の対立は、学界でも従来いろいろと論議された課題である。アマテラスとスサノヲ、皇孫とオホナムチ、というように、神々の各世代が相反する二つの勢力に分かれ、最後に国譲りという方法によって、統一するのであるが、その二元的対立は、アマテラス以前、天地開闢や国生みのときからすでに意識されているのである。

イザナギとイザナミなどは、私が前に『日本神話の新研究』や『日本神話と古代生活』で論じ、また岡田精司氏も『古代王権の祭祀と神話』でも詳論しているように、もと淡路島の海人たちの信奉する海洋的な創造神であり、淡路の式内伊佐奈伎神社二座がその中心であったが、記紀のパンテオンでは、いつのまにかイザナギは高天原に結びつき、日・月二神の父神とされ、天上の日の少宮《わかみや》に住む（記）などという形となり、イザナミは、これに対して出雲の比婆《ひば》の山に葬られたり（紀）、熊野の有馬村に神陵があったり（記）、その住む黄泉《よみ》の国への出入口が出雲の伊賦夜坂であったりして、とかく出雲と結びついている。

さらに宇宙開闢の最初の神としての天御中主《あめのみなかぬし》につづいた、タカミムスビとカミムスビの二神が出てくるという、二元並立の形にも、すでにこの高天原対出雲という意識が含まれているとすれば、この二元観の精神的基盤はかなり深いところに根ざしているとせねばなるまい。

私はこの日本神話における、高天原と出雲の二大世界の対立の原因として、七、八世紀のころ、出雲を中心として、巫覡《ふげき》の徒が、医療・禁厭《まじわざ》・託宣などをもって、各地に移動、オホナムチ、スクナヒコナ、その他有力な出雲の神々の崇拝・信仰を拡布させていったという、いわゆる「出雲宗教」の強大化を挙げ、大和朝廷がこれに対し、己れの精神的権威をおかそうとする対立世界のように見なしたところに、この二元的対立を説く世界像が生じたと考えたのであるが、そうした意味で、この宮中神祇官のタカミムスビとカミムスビの併祀や、記紀の創世神話にタカミムスビとカミムスビが登場するのは、このような「出雲宗教」が畿内に拡布されてから以後の産物であることにはまちがいなかろう。

それにしても、それは伊勢のアマテラスの信仰が、積極的に宮廷に持ちこまれ、皇祖神という形になるより以前であったことは、十分に推定されうるであろう。これにかわってやがて伊勢からアマテラスの信仰が持ちこまれ、カミムスビを押しのけて、タカミムスビとならんで、宮廷パンテオンの主座を占めるのである。

3　大嘗・新嘗祭と鎮魂祭

しかし、ここで問題にしなければならないことがいくつかある。すなわち、まず第一に、それでは、古代大和の宮廷の祭祀に、そんなに縁が薄かったはずのよそもののアマテラスが、いったい何のゆえに、記紀の神話では、あれほど巨大な皇祖神としての最高の地位を占めるにいたったのか、また実際の大嘗祭の諸儀礼には、あれほどアマテラスは無縁であったはずなのに『古事記』の神話では、この神が「大嘗をきこしめす殿」すなわち大嘗宮にいて祭りを行なっているという話があるのは、どういうわけなのか、天孫降臨の最もオーソドックスな伝えは、なるほどタカミムスビだけが登場する話であったのかもしれないが、天石窟《あめのいわや》戸《ど》の神話はどうなのであろうか、これも神器の出現および諸氏族の宮廷奉仕の由来を語る重要な神話であり、王権の中核神話であるはずであるのに、ここにはアマテラスだけが主人公となっているのはなぜか、またどうしてタカミムスビは登場しないのか、またいったいアマテラスは、どこからどういう理由や動機で持ちこまれたのであろうか、またその時期はいつごろなのであろうか、等々の問題である。いな、もっと重要な問題は、この天石窟戸説話と天孫降臨説話との本質的関連性の問題である。

　天石窟戸説話と天孫降臨説話とは、従来、もともと一つづきの説話であったことが推定されている。倉野憲司氏や三品彰英氏によると、『古事記』の両説話には、その間に出雲神話が介在しているのを取りのぞいてみると、かつて一連の物語であった証跡が数々存する。両説話とも五部神が登場しており、その他、トコヨノオモヒカネやタヂカラヲなどの神々の登場も共通であるし、神器も両話に出てきている。五部神などは、天石窟戸では、彼らの氏族名を註記せず、天孫降臨で氏族名をいちいち挙げている。これは石窟戸の段が降臨の序幕であり、前置であったという証拠である。オモヒカネやタヂカラヲは、石窟戸でこそ大活躍をするが、彼らを必要としない降臨にまでついてくるのはおかしい（倉野『日本神話』、三品『日本神話論』）。

神器については、天孫降臨では、鏡、剣、曲玉の三種となっているが、天石窟戸では諸神によって造られたものは、鏡と曲玉の二種だけで、剣は語られていない。しかし、倉野氏の説いているように、古くは剣の製作の部分があったのに、のちの、スサノヲの八岐大蛇退治による草薙剣献上の話が出てくるため、わざと削られた形跡がある（倉野『日本神話』）。

すなわち、「天の安河の河上の天の堅石を取り、天の金山の鉄を取りて、鍛人《かぬち》天津麻羅《あまつまら》を求《ま》ぎて、伊斯許理度売命《いしこりどめのみこと》に科《おお》せて、鏡を作らしむ」とある、『古事記』の文の、「天津麻羅を求ぎて」のつぎに、本来「剣を作らしむ」ということばがあったのを、意識的に削り、後の草薙剣の奉呈のための伏線としたのである。したがって、この剣の部分がもとはあったとすれば、天石窟戸の最初から三種の神器はそろっていたことになる。

また石窟戸神話に、日神が磐戸を閉ざして幽居したのに対し、天孫降臨では、日の御子が「天の磐戸を開いて」降臨し（紀）、また前者で日神の引き出しにウズメがホトも露わに、半裸の狂態を行なった（記）のに対し、後者でも、日の御子を出迎えるサルダヒコに、ウズメは同様な姿を行なっている（紀）。これらは両説話の内的関連を物語っている。

もし、両説話が、もと一つづきの物語であったとすると、石窟戸神話は明らかにアマテラスがヒロインであるから、降臨神話でもそうだという考えかたもありうるであろう。

ところで、前に述べたように、天孫降臨は大嘗・新嘗祭の縁起譚であるが、石窟戸の方は何なのであろうか。大嘗・新嘗祭と関係はあるのだろうか。

この石窟戸神話については、従来、太陽と暴風雨との争いだとか、あるいは日蝕現象の説明だとか、いろいろと論議されたが、結局は、天皇の御魂を鎮める鎮魂祭と結びついた神話であったことに落ちついている。

鎮魂祭は、『神祇令』や『貞観儀式』、『延喜式』などに見えるように、仲冬すなわち旧十一月の寅の日に行なわれ、新嘗祭の前日であった。この祭りの趣旨は、『令義解』に、「言は離遊の運魂を招き、身体の中府に鎮む」というように、そもそもが天皇の霊魂を呼び返し、体にこめようとする、一種の魂返しの呪法で、「天武紀」十四年（六八五）などでは、「招《たま》魂《ふり》」という字を当てているのである。この天皇の一種の健康呪法ともいうべきものが、実は不思議なことに、アマテラスの崇拝と関係し、日神自身の死と復活が、このときの鎮魂歌に、歌われているのである。すなわち、鎌倉時代の『年中行事秘抄《ねんちゅうぎょうじひしょう》』に収められている。

一、あちめ一度　おおおお三度　上《のぼ》ります　豊日孁《とよひるめ》が　御魂《みたま》ほす　本は金矛《かなほこ》　末は木矛。

二、あちめ一度　おおおお三度　魂筥《たまはこ》に　木綿《ゆう》取りしでて　たまちとらせよ　御魂上《みたまが》り　魂上りましし神は　今ぞ来ませる。

三、あちめ一度　おおおお三度　御魂みに（一本、御魂上り）いましし神は（一本、いにましし神は）今ぞ来ませる。さりくるし（一本、去りたる）御魂　魂返しすなや（一本、魂返しすやな）。

古い呪歌らしく、意味の不明な箇所も少なくないが、ここでは日神オホヒルメ（アマテラス）の別名かと思われるトヨヒルメの崩《かむあが》りと、その魂返しを歌い、いったん魂が昇天したこの神がタマフリの呪法によって復活し、筥《はこ》の中に御魂が戻ってくることが歌われている。

これは天石窟戸の神話と一致した観想を含んでいる。天石窟戸の神話の日神の岩隠《いわがく》りということも、『万葉集』に見える数多くの「石戸《いわと》隠《かく》り」「いはがくり」の語が、貴人の死去を意味することと関連して、やはり日神の死を表わす物語であろう。

『日本書紀』の本文の伝えでは、アマテラス自身が梭《ひ》をもって身を傷つけ、石窟《いわや》に入りましたといい、また同書の一書の二では、スサノヲがアマテラスの新嘗の宮の御席《おまし》（神嘗《かんなめ》の神座に敷く御衾《おふすま》）の下に糞をしたので、日神は知らずにすわって病気に罹《かか》り、そのために怒って石窟に入りますのである。この説話の本来の伝えでは、日神自身が傷つき、あるいは病んで死ぬのであり、この岩隠りはこれを象徴したものであろう。

ところが、『古事記』や『書紀』の一書の一では天服織女《あめのみそおりめ》とか稚日女尊《わかひるめのみこと》が傷ついて死ぬことになっており、大神自身は怒って石窟に隠れるという形になっている。これは、皇祖神アマテラスの神聖性や絶対性が高められた時代の説話的変容で、梭でホトを突いて死んだり、糞便で体を汚して死ぬなどということは、どうしても大神以外の他の伴神《ともがみ》の身の上におこったものとした方が、つごうがよかったからと考えられる。『古事記』の説話は、けっして素朴な形のものでなく、むしろ最高度に発達した形のものである。

『古語拾遺』によると、「凡《およ》そ鎮魂の儀は、天鈿女命《あめのうずめのみこと》の遺跡なり。則ち御巫《みかんなぎ》の職は応《まさ》に旧氏に任ずべし」と記されており、鎮魂祭の御巫の所作が、天石窟戸における猨女君《さるめのきみ》の祖神ウズメノミコトの俳優《わざおぎ》に発祥することが語られている。つまり、鎮魂祭の縁起譚ともいうべきものが、この石窟戸神話のウズメのウケを踏みとどろこす踊りであったというのである。『古語拾遺』には、この女神は日の神のこもった石窟の前で、マサキの葛《かずら》をもって鬘《かつら》とし、ヒカゲをもって手繦《たすき》となし、竹葉《ささば》とオケの木の葉をもって手草《たぐさ》となし、手に鐸《さなぎ》をつけた矛を持ち、誓槽《うけふね》を覆《ふ》せ、庭燎《にわび》を挙《とも》して、巧みに俳優《わざおぎ》をなし、相ともに歌舞をなしたと記されている。

『古事記』では、このウズメの踊りは、「天の石屋戸にて汗気伏《うけふ》せて踏みとどろこし、神懸りして胸乳《むなち》をかき出で、裳紐《もひも》をほとにおし垂れき」と記され、また『書紀』本文では、「覆槽置《うけふせ》、顕神明之憑談《かむがかりす》」と記されている。

ウケは、『貞観儀式』『延喜式』などに、「宇気槽《うけふね》」と呼んでいる中空の祭具で、鎮魂祭では御巫がこれを伏せて、上に乗り、その底の上を、鈴ないしサナギをつけた榊で突くのである。

ウケフネを突く榊は、おそらく古くは神話に語るように矛であったのかもしれない。これでウケを突くのは、倉野憲司、松本信広氏などの説くように、陰陽合精を象徴した生成の呪術であろう。つまり、これによって死せる日神の魂を呼び戻し、活力を与えるための呪術で、ウズメ自身のホトや胸乳を出したこととも無縁ではない。本居宣長が、「さて、このもの後世鎮魂祭儀に遺れり。鎮魂にこの段の義を用らるるは、日神のこもりませるを、招《お》ぎまつりし心ばへをもて、遊散する魂を、招《お》ぎ鎮むるなるべし」と『古事記伝』に言っているように、この所作はタマフリの呪術であり、おそらくこれは猨女君《さるめのきみ》が伝えたものであろう。鎮魂祭の御巫の所作は、平安の祭式では、ひどく優美なものに化したようであるが、古く猨女の伝えていたころは、たぶん神話に近いエロチックな姿であったのであろう。

この鎮魂祭は、冬至のころの太陽祭儀であり、冬に衰える太陽の光熱の回復のため、その神の裔としての日の御子であり、かつその化身《インカーネーション》でもあると考えられた天皇に対して、そのタマフリを行なったのが趣意であろうということは、すでに定説化している。しかし、少なくとも後世には、この呪術は直接天皇の大御身に対してではなく、御衣に対して行なうことになっていた。

冬至は、農耕民族においては、「古い太陽の死ぬ日」でもあったし、また「新しい太陽の誕生する日」でもあった。この衰弱死する古い太陽神が磐隠りするアマテラスであり、このときふたたび生まれ出る新しい太陽が、「磐戸を開いて出現する日の御子」である。

古代近東の世界などでは、冬至節は、母なる神が日の御子を生み出す日、すなわち新たなる太陽が誕生する日であった。その母神はしばしばその時期に東の空に出現する金星と同一視されたり、月と同一視されたりし、またこの生まれ出る神の御子、光の子、日の御子は、現実の祭儀においては、宇宙の生命の光を象徴する穀物の穂や、聖なる灯火や大きな炬火《かがりび》などで表わされることは、E・ニューマンなどもいろいろと述べているところである。穀物の穂で、その日の御子が表わされることは、もちろん農耕祭儀の穀霊信仰との習合した形である。また時として、これが王権と結びついて、王侯の王権祭式となっている。

こうした収穫祭儀と王権祭式との一致、穀霊と日の御子との融即、またその象徴としての穀物の穂の奉斎などの複合的信仰行事は、すぐ隣の朝鮮でも見られる。三品彰英氏にしたがえば、古代の高句麗時代から行なわれた冬十月の収穫祭である東盟祭は、穀霊でもあり、日の御子でもある高句麗の東明王朱蒙と、その母である河伯の女《むすめ》、すなわち母神を祭り、木隧《もくすい》（隧は襚《すい》の誤りで、木で穀物の穂をかたどった一種のけずりかけのようなものかという）を、水辺の洞窟内の神座に立てて行なったものらしい。三品氏は、これをギリシア、シリア、エジプト、プエブロインディアンなどの冬至・豊饒祭と比較し、日本の新嘗における穀霊・日の御子のミアレ（誕生）の神話・祭式と比較し、共通の観想を見出している（『古代祭政と穀霊信仰』）。

このような冬至祭は、地中海沿岸の諸都市で、古くホルス、オシリス、ヘリオス、ディオニソス、ミスラなどの日の御子の崇拝と関連して行なわれ、母子神信仰や、日の御子の降誕、またこれを象徴する火祭りや穀物の穂の聖化行事などが行なわれた。

日本の新嘗祭・霜月祭なども、やはり一種の冬至祭であって、母子神伝承や若御子神の信仰が、色濃く残っていた。この遺風だと見なされている後世の民間の霜月祭・二十三夜・大師講などの行事で、オダイシサンは子供を大勢つれた女神だとか、スリコギのような一本足だとかいわれ、また子沢山で一人一人の子に粥を食べさせるため、長い萱の箸を添えるという風もある。タイシ神とは、柳田國男氏は、「神の大《おお》い子」すなわち神の長子を表わす語であり、この祭りは、古く「穀母がみごもり、若御子を生む」時期であったろうと述べられている（『新たなる太陽』）。

民間の新嘗ばかりでなく、古代宮廷の大嘗・新嘗の祭りなども、やはりそうした若い神の子の誕生の儀礼であったらしいことは、前に述べたように、この縁起譚とされる天孫降臨神話で、やはり生まれたばかりの日の御子が真床追衾《まどこおふすま》に包まれて降下するという話があることや、また皇孫ホノニニギやその父のオシホミミが、稲穂を名とする「日の御子」であり、稲穂をもって天降るという話のあること、またこれらの話と並行して、大嘗宮や新嘗の新嘉殿の神座に、御衾が敷かれ、天皇がこれに臥したらしいことなどの事実からも推定できるのである。

天石窟戸に出てくる「庭燎《にわび》」ないし「火処焼《ほところやき》」は、鎮魂祭には行なわないが、これとつづいた大嘗・新嘗祭には行なわれた。『延喜式』大嘗祭の条によると、主殿寮《とのものつかさ》の官人が灯燎《とうりよう》を悠紀《ゆき》・主基《すき》二院に設け、また伴宿禰《とものすくね》一人と佐伯宿禰《さえきのすくね》一人とが門部《かどべ》八人を率い、南門の外で、夜どおし庭燎を焚いた。これらは単なる照明ではなく、太陽呪術であったらしいのである。

大嘗・新嘗祭に用いられた古歌謡には、古くから朝日・夕日の讃詞が多く付いている。『古事記』雄略の巻の有名な三重婇《みえのうねめ》の天語歌《あまがたりうた》に、「まきむくの　日代《ひしろ》の宮は　朝日の　日照る宮　夕日の　日影る宮……新嘗屋に　生ひたてる　百足《ももた》る　槻《つき》が枝《え》は　上《ほ》つ枝《え》は　天を覆へり……高光る　日の御子　事の　語りごとも　こをば」などとあるのは、古代の新嘗屋と太陽信仰との結合を表わしている。ここでは、新嘗の祭主であり、その神の化現である天皇自身が「高光る日の御子」と呼ばれ、祭場である新嘗屋（大嘗宮）が、朝日・夕日の讃えごとで祝われている。『中臣天神寿詞《なかとみのあまつかみのよごと》』を見ると、大嘗の祭主としての天皇を、皇孫《すめみま》ホノニニギと同一視している信仰がうかがわれる。神座の御衾から出て、小忌湯《おいみのゆ》を終え、節会に出る天皇の姿は、ホノニニギであると考えられたのであろう。また大嘗宮に入御の天皇の行列には、猨女が先頭に立って先導した。これはウズメがホノニニギの行列の先駆をしたという天孫降臨神話に応ずる儀礼であったらしい。

大嘗・新嘗の前日の寅日の鎮魂祭が、日神アマテラスの岩隠れ（死）およびその魂の招き返しのための祭りであるとすると、翌日の大嘗・新嘗祭は、若々しい新生の太陽の誕生の祭りである。つまり前者の対象が死んだ古い太陽であるとすれば、後者の対象は、その復活・

再誕した新しい太陽である。

このような原始的な冬至祭の「日の御子降誕」の儀礼を、王権祭式として採用し、これに「天神の御子が山上に天降りして王者として国土を統治した」という、大陸的な王朝神話を結びつけたことによって、この大嘗・新嘗祭は、国家的祭典となっていったのであろう。

このように見ると、大嘗・新嘗祭とその前日の鎮魂祭とは、本来、別々の祭儀ではなく、一つづきの祭儀であり、後者と前者とを結びつけると「古い太陽が死んで、新しい太陽の誕生する祭」という形になることがわかる（松前『日本神話と古代生活』）。

倉野憲司氏などが、天石窟戸神話と天孫降臨神話とがその母胎儀礼としての「原大嘗祭」とでもいうべきものと分離する以前の形として、アマテラスが石窟に隠れ、そこで鏡・玉・剣・ニギテなどを供え、ウズメが鎮魂術を行なったので、大神の霊は、新生の日の御子の形として復活するという形の説話であったろうと推定しているのは、おもしろい考えである。

たしかに『延喜式』大嘗祭の部などを見ても、鎮魂祭の祭具などは、大嘗祭のそれと一緒に整えられており、これがかつて一体のものであったことを偲ばせる。猨女などが両方に出て奉仕していることも同じである。

では、前節で、大嘗・新嘗祭の祭神は元来タカミムスビであって、アマテラスではないといったことと、この「原大嘗祭説」との関係はどのように考えられるべきものであろうか。

もし両祭儀が一連のものであったとすれば、当然、鎮魂祭も大嘗・新嘗祭も、祭神は一つでなければならないはずではなかろうか。また鎮魂祭の起源がもしきわめて古いものであるとすれば、宮中のアマテラス祭祀の起源もまた古いものであるということになるが、その点については、どうであろうか。また大嘗・新嘗祭の祭式に、それほど太陽祭儀的色彩が濃いということは、先述のこの祭りの祭神説に矛盾を生じはしないであろうか。

いな、大嘗・新嘗祭は、少なくとも平安朝以降においては、はっきりと伊勢のアマテラスを意識しているのである。たとえば、神座の舗設なども、『延喜式』『新儀式』『江記《ごうき》』などでは、神の座である御衾を置いた短畳が、西面しているのに対し、これに向かって着座する形で東面しているが、『兵範記《へいはんき》』仁安三年（一一六八）の大嘗会からは、神座はいくぶん斜めに舗設し、これに向かって御座は東南に面して置かれた。

ということは、御座は東方の日の出の方角に向かっており、古い神社の制が多く東面していたのと同じく、朝日のただ さす方向に向かった形であって、一種の太陽崇拝的要素を示すものである。

ところが、後に東南面になおしたのは、とりもなおさず伊勢の方角だからなのである。

また『古今和歌集』や『拾遺和歌集』に、ヒルメの歌と称せられるものがあり、ことに後者の、

わが駒は　早く行かなむ　朝日子が　八重さす岡の　玉笹の上に

の歌などは、はっきりとこのヒルメが「朝日子」と呼ばれる太陽神であることを表わしている。これが、大嘗祭の琴歌神宴《きんかしんえん》、すなわち清暑堂《せいしょどう》の御遊《ぎょゆう》に歌われたものであることは、すでに多くの学者によって論証ずみである。

このような大嘗・新嘗祭における太陽的ないし伊勢的要素が、本来的なものであるとすれば、これが鎮魂祭と一つづきであったことは当然であり、むしろ大嘗・新嘗祭におけるタカミムスビの登場こそ、新しい要素ではないかということも、一面に考えられないわけではないが、その点については、もっと厳密な歴史学的方法によって、検討してみなければならない。

4　大和朝廷の祭儀・神話と伊勢信仰

ところが、このような天石窟戸神話と天孫降臨神話の両説話の同質性や内容的一致という現象が、記紀の両説話のすべての異伝にあてはまるのなら問題はない。実は、両説話間のこうしたつながりは、その中のほんの少数の特別な説話にだけ存するのであって、他の多くの異伝には存しないのである。しかも、それも最も素朴な原型と思われる説話どうしが一致しているのなら問題はないが、初めにも述べたように、不思議なことに、その中の最も高度・

複雑化した形の説話どうしだけが、相互に一致点を持っているのであって、素朴な形の説話どうしは少しの一致点もないのである。

具体的に言えば、天石窟戸神話にも異伝がいくつかあり、その中には『書紀』の一書の一のように、オモヒカネとイシコリドメだけしか登場しない形や、一書の二のように、アメノコヤネとフトダマ以外にはアメノヌカドやトヨタマ、ヤマツチ、ノヅチなどのような無名の精霊《スピリット》しか登場しない形のものなどもあって、アメノウズメ以下五部神が登場するものは少ない。最高度に発達したものは『古事記』と『書紀』の本文だけで、ここには五部神が整然と祭りの分担をしている。

天孫降臨神話で、これと同じ五部神と神器の登場を示しているモチーフは、前に述べたように、『書紀』の本文や一書の四および六などのような「タカミムスビだけがホノニニギを降らせる」という素朴な形の説話にはまったく現われない。最高度に発達した形の『古事記』や『書紀』の一書の一の説話だけに現われているのである。そしてこのような形の説話にだけ、アマテラスが登場するのである。

このことは、いったい何を示しているのかというと、両説話はその素朴な原型は、まったく違う説話で、相互になんの関連もなかったのに、ある時代になって、それぞれにアマテラスや五部神や神器などを登場させるようなモチーフがつけ加えられたため、両説話ははじめて一体化されてきたということである。

このことは、またその母胎儀礼である鎮魂祭と大嘗祭にも当てはまる。その祭りの機能をよく観察してみるなら、両祭儀はもともとまったく違った祭りであって、ある時代から相互に関連し合い、一体化されてきたということがわかるのである。

鎮魂祭は、前にも述べたように、もともと天皇の御魂《みたま》の鎮安のための健康呪法ともいうべきものであるが、したがってこれは国家的祭典ではなく、皇室の私祭とされていた。天皇ばかりでなく皇后・中宮・皇太子などにもこれを行なったのは、私祭だからである。それらの方式もほとんど変わりない。これに対して、大嘗・新嘗祭は公祭、すなわち国家的祭典であった。天皇だけに対する特別な聖化の儀典である。天皇が明《あき》つ神となるための式典である。

鎮魂祭の起源説話は、前述の天石窟戸神話以外に、『旧事本紀』に見えるニギハヤヒおよびその子ウマシマヂの説話があり、またこれもある程度の信憑性を持っている。この部分は、物部氏の家記から採られた古い伝承だと考えられているからである。

それによると、物部氏の遠祖ニギハヤヒが天降るとき、天神御祖《あまつかみのみおや》（天の母神という意味）が彼に、オキツ鏡、ヘツ鏡、八握剣《やつかのつるぎ》、生玉《いくたま》、足玉《たるたま》、死反玉《しにがえしのたま》、道反玉《ちかえしのたま》、蛇比礼《へみのひれ》、蜂比礼《はちのひれ》、品物比礼《くさぐさのひれ》の合計十種の天璽瑞宝《あまつしるしのみずたから》を授けて、「もし痛むところあらば、この十宝をもって、一二三四《ひとふたみのよ》五六《いちむ》七八《ななや》九　十《ここのたりや》と謂ひてふるへ。ゆらゆらとふるへ。かくせば死人も生き返らむ。すなはち是れ布瑠《ふる》の言《こと》の本《もと》なり」と教示したという。またニギハヤヒの子のウマシマヂが、この霊宝を、神武天皇とその大后《おおきさき》のために奉って、この御魂のタマフリに使用したのが、鎮魂祭の始まりで、その祭りの日にサルメノ君らが多くの歌女《うため》を率い、その一二三……十の呪言を唱えて神楽を行なうのは、その縁であるという。物部氏のまつる石上神宮《いそのかみじんぐう》の古い縁起であったものらしい。

たしかに、鎮魂祭には、そうした唱えごとに合わせて天皇の御衣を打ち振ったり、筥《はこ》に入れた天皇の御魂緒《みたまのお》（木綿《ゆう》の糸）を十度結んだりする儀礼があり、また鎮魂歌には、

あちめ一度　おおおお三度　石上《いそのかみ》　ふるの社の　太刀《たち》もがと　願ふその子に　その奉る

の歌があり、石上神宮の太刀を、かつて天皇のタマフリに用いたことの痕跡を示すようでもある。

『貞観儀式』には、この祭りのときに「神宝を堂上に置く」と記されていて、伴信友《ばんのぶとも》はこれを石上《いそのかみ》の十種の瑞宝だろうと考え、また『延喜式』には祭具として太刀一口《ひとふり》を挙げている。

鈴木重胤や折口信夫など先人の説に、宮廷鎮魂祭は、物部・石上系の要素と、猨女系の要素の、二つの要素から成り立っているという考えがあるが、私などもほぼこれを認めたいと思っている。ただしこれ以外に、私は、皇室本来のタマムスビおよび中臣系、三輪系、平野系その他いくつかの要素の存在を考えてはいるが。

それにしても、こうした説話を見ても、本来、この祭りは、天皇家一族の健康呪法ないし

病気治療法にすぎないものであったことがわかる。したがって、『日本後紀』延暦《えんりやく》二十三年（八〇四）二月の記事に、石上大神《いそのかみのおおかみ》の祟りで、桓武天皇が病気に罹ったので、天皇の御衣を、石上神宮まで運んで、社頭で鎮魂を行なったということがあるのを見てもわかるように、臨時のものもあったのである。

鎮魂祭の行事の一つである神祇伯が御魂緒《みたまのお》を結ぶ、いわゆる魂結《たまむす》びは、去り行く霊魂を糸に結びつけ、引き留めようとする呪術で、他民族にも例があり、これも太陽信仰などとは関係ない。

鎮魂祭の祭神が、鎮魂歌に歌われているトヨヒルメ（オホヒルメ）ではなく、タカミムスビ以下の神祇官の八神であることに、もう一度注意しなければならない。この八神とこの魂むすび呪術とは実は関係があるのである。

鎮魂祭の後、天皇の御魂を結びこめた御魂緒は、十二月の吉日を選んで、神祇官の斎戸《いわいど》、つまり八神殿に納めた。この祭りを鎮御魂斎戸祭《みたまをいわいどにしずむるまつり》といった。前にも述べたように、八神殿の神体は榊であったから、古くはこれにそうした糸を結びつけ、その守神の加護を祈ったのであろう。

おそらく、天皇家の祖先も、古くは収穫の祭りに、生産の神であるタカミムスビに新穀を供え、豊穣を感謝するとともに、その神木に家人たちの御魂代《みたましろ》の糸や紐を結びつけ、生命の加護を祈ったのであろう。『万葉集』の有名な有馬皇子の、

磐代《いわしろ》の　浜松《はままつ》が枝《え》を　引き結び　まさきくあらば　また還り見む

の歌に見えるように、古代には自分の霊魂を神木の枝や草などの結び目に、こめて置き、その神に、自分の生命の安全保証を得ようとする呪法があったことは、折口博士などの研究でも知られている。

したがって、そうした素朴な収穫儀礼の中に、いわば原大嘗祭《プロト》ともいうべき、神と天皇の秘儀的なコミュニオン（霊的交渉）があり、それが後の大嘗・新嘗祭に発展し、また別の原鎮魂祭《プロト》とも呼ぶべき、魂《たま》結びの呪術があり、これから後の鎮魂祭が発達したのであろう。

こうした天皇家一族の素朴なタマムスビの呪法も、やがて国家的・宮廷的な大規模な形の儀典になったのは、五、六世紀をピークとした物部氏の勢力の台頭と、その強力な石上のタマフリ呪術の摂取によるものであろう。しかし、まだそれまでは、天皇一家の健康呪法ないし病気治療法の大がかりなものにすぎなかったと思われる。

これが一躍して、日神トヨヒルメの太陽祭儀となったのは、私はたぶん、伊勢出身の司祭氏族であった猨女君の太陽呪術、およびその奉じていたアマテラス・オホヒルメの崇拝の輸入によるのであろうと思っている。

猨女君氏が、伊勢出身の氏族であったらしいことは、『古事記』に、その遠祖のウズメがサルダヒコを伊勢に送った後、魚属をあつめ、天神に対する服従を誓わせたが、このことから志摩の海女たちの早贄《はやにえ》（生《なま》のまま急いで献る供物）の供進に、猨女君らがあずかることになったという神話が見えるのでもわかる。

この女神がアメノヤチマタで出迎えたというサルダヒコノ大神は、「上は高天原を照らし、下は葦原《あしはらの》中国《なかつくに》を輝らす神」（記）と語られ、また「口尻明《くちしりあか》く耀《て》り、眼は八咫鏡《やたのかがみ》のごとくして、絶然《かがやけ》ること赤酸醤《あかかがち》（ホオズキ）に似たり」（紀）といわれているのを見てもわかるように、もともと伊勢・志摩地方で、漁民の奉じていたらしい原始的な男性太陽神であったらしい。

この神がウズメに送られて伊勢の狭長田《さながた》五十鈴《いすず》川の上《ほとり》に行ったといい（紀）、また伊勢のアザカの海岸で比良夫貝《ひらぶがい》にその手をはさまれて海に沈み溺れ、三柱の海の神霊に化したという伝承（記）など、みなこの地とこの神との結びつきを表わしている。

ウズメはこの神の名を顕《あら》わしたので、その神の名を取って猨女君と呼ぶようになったという記紀の伝承は、この太陽神サルダヒコに、その神妻《かみづま》として奉仕する斎女《さいじょ》を出す家が、この猨女君氏であったことを表わしている。

このウズメがサルダヒコに対して、ホトも露《あら》わに出迎えたという『書紀』の一伝は、アマテラスを外に引き出すため、同じ姿をしたという『古事記』の説話とも無縁ではない。たぶん、猨女君氏が、古くは伊勢の原始的な太陽神サルダヒコに対して行なっていた太陽呪術を、天皇の祖神となったアマテラスに対して、いな、その化身《インカーネーション》とされた天皇に対して行なったのであろう。

この伊勢の太陽呪術が取り入れられてから、鎮魂祭は急速に「太陽祭式化」していき、ヒルメの魂返しの歌などが鎮魂歌に歌われるようになるとともに、その縁起譚であった伊勢の太陽神話「天石窟戸」の説話も、皇祖神の神話として、取りこまれるようになったのであろう。

天石窟戸神話が、中国の西南部の苗《ミヤオ》族などにある、日の神が洞窟に隠れ、天地が暗くなったのを、鶏を鳴かせて外におびき出したので、ふたたび天地が明るくなったという神話とおそらく同系の南方系説話らしいことは、すでに多くの学者の論じたところである。天石窟戸神話の常世の長鳴鳥は、鶏のことであることは古くから説かれているとおりである。鶏は、中国でも朝鮮でも、日の出を告げる鳥、太陽神の使者とされたが、伊勢神宮でも、式年遷宮のとき、御巫《みかんなぎの》内人《うちうど》が玉串御門と瑞垣《みずがき》御門の前で、鶏の鳴真似《なきまね》をする行事や、鶏の所作をまねたという鳥名子舞《となごまい》が、『延暦儀式帳』などの伊勢神宮関係の文献に出ている。おそらく伊勢の海人集団磯部《いそべ》たちも、古くそうした南方系の神話や信仰を持っていたのであろう。

アマテラスは、最初はこのような伊勢の漁民の太陽神であったのであるが、これはやがて大和朝廷によって着目され、皇祖神と見なされ、斎宮《さいくう》を派遣されたり、中臣や忌部などの朝廷の祭官を派遣されたり、その神体たる鏡と、宮中の天皇のレガリヤとしての鏡とが同一視されたりして、しだいに宮廷との関係を深めていったらしい。それとともに朝廷では、単なる収穫祭にすぎなかった大嘗・新嘗祭をも、しだいにアマテラス的・伊勢的な色彩にいろどっていったが、それよりも早く、その縁起譚であった天孫降臨神話には、従来の最高司令者タカミムスビとならんでアマテラスを割りこませ、また中臣、忌部の宮廷司祭氏族の祖神のほかウズメやサルダヒコなどの伊勢土着の神をも、伴神《ともがみ》として割りこませ、大活躍をさせるにいたったのである。

天石窟戸・天孫降臨の二説話は、よく見ると、伊勢の神格が少なくないことがわかる。神鏡およびこれにしたがうトコヨノオモヒカネとは、『古事記』によると、「この二柱の神はサククシロ五十鈴《いすず》の宮に拝《いつ》き祭る」と記され、はっきりと神宮との関係を表わしている。ついて降臨の伴《とも》をするトヨウケは、同書に「こは外宮の度相《わたらい》にいます神」と記され、外宮の神であることは明らかである。つづいてアメノタヂカラヲも、「佐那県《さながた》にいます」と記され、これも伊勢地方の佐那県の霊格であった。ウズメやサルダヒコも前に述べたとおりである。

日向の山に降臨したはずのホノニニギを出迎えた神が、そんなに遠くの伊勢の海岸まではるばると出かけて行くのも、おかしな話であるが、これはおそらく青木紀元氏なども論じたように、天孫降臨が日向の舞台に定着する以前に、伊勢への降臨の話があったのが、日向神話の中に入りこんできたのであろう（青木『日本神話の基礎的研究』）。

『書紀』の一書の二では、日神が石窟から出てきたとき、鏡をその石窟に入れ、そのさい岩戸に鏡が触れて瑕《きず》ができた。その瑕が今になお存するといい、「これ即ち伊勢に崇秘《いつきまつ》る大神なり」といい、伊勢神宮の所伝らしい、細かい説明譚となっている。『古語拾遺』の石窟戸神話になると、伊勢的色彩はもっと強く、伊勢地方の鍛冶神であったアメノマヒトツや、伊勢の麻績《おみ》氏の祖ナガシラハ、伊勢の国造の祖と伝えられるアメノヒワシ、伊勢の神服部《かむはとりべ》の祖神と考えられるアメノハヅチやアメノタナバタヒメなど、みな伊勢に関係深い神ばかりである。

私は、タカミムスビとホノニニギが、皇室本来の天孫降臨の主役であったのに対し、アマテラスとその御子のオシホミミは、本来、伊勢の霊格であり、伊勢にも一種の降臨伝承があったのを、後世にこの二種の降臨説話を組み合わせて、現在の形にしたのではないかと考えている。記紀によると、天孫降臨に際し、アマテラスが最初に遣わそうとしたのは、太子のオシホミミであったが、その御子のホノニニギが生まれたので、これにかわって行かせることになったという。このオシホミミは、タカミムスビの女《むすめ》ヨロヅハタヒメまたはタクハタチヂヒメを妃とし、ホノニニギを生むのである。ヨロヅハタヒメは、また『書紀』の一書によると、オモヒカネの妹である。

皇祖神は、なぜオシホミミを降臨させないで、生まれたばかりのホノニニギを、大急ぎで天降らせなければならなかったのか。その理由は少しも明らかでない。これは二種の伝承を無理に結びつけようとして作った筋立てだからとするのが、一番わかりやすい説明であろう。

説話的にながめれば、ホノニニギが常にタカミムスビと結合しているのと対照して、オシホミミは常にアマテラスと結合している。『書紀』を見ると、タカミムスビがアメノコヤネとフトダマの二神に、ヒモロギ・イハサカの神勅を下しているのに対し、アマテラスがオシホミミに鏡を授け、また斎庭《ゆにわ》の稲穂を授けている。オシホミミは『延喜式』などを見ると、豊前や土佐などに社があり、また『山城国風土記』逸文によると、山城宇治の式内木幡《こはた》神社も、これを祀るといわれている。伊勢神宮にもその崇拝がかつてあったらしいことは、外宮の御饌《みけ》の水を用いる神聖な御井を、忍穂井《おしほい》といったり、このミコトの妃のタクハタチヂヒメが内宮の相殿《あいどの》の神だとされていることからも推察せられる。

このようなアマテラスおよびその眷属《けんぞく》神の崇拝と神話の宮廷における採用、および猨女君の呪術の摂取などが、年代的にいつごろのことであるのかは、はっきりとはわからない。『書紀』天武の朱鳥元年（六八六）正月の条に、御窟殿《みむろどの》の前に御して倡優《わざおぎ》らや歌人らに禄を賜わったと記され、また同年の七月の条に、天皇の御不例に際し、宮中の御窟院《みむろのまち》で設斎《おがみ》が行なわれたと記される。伴信友は、この御窟殿・御窟院を天石窟《あめのいわや》の遺象としての岩屋造りの御殿であろうと言ったが、もしそうなら、この中で天石窟神事のドラマともいうべき鎮魂行事が、天皇の御魂の鎮安のために行なわれたのであろう。

天武・持統のころが、皇祖神のアマテラスの神威や、「高光る日の御子」が、最も讃えられたころであり、また天皇の大御身がアマテラスそのものの化身であるとして考えられたころであったことは、『万葉集』の日並皇子尊《ひなめしのみこのみこと》の殯宮《ひんきゅう》の時の歌などを見ても、察せられる。

伊勢のアマテラスの崇拝と皇室との結びつきは、実はそれよりも、古い時代であると考えられる。私は、四世紀末から五世紀初めの河内王朝ごろからそろそろ交渉が始まり、五世紀中葉の雄略朝や、六世紀中葉の継体朝ごろになって、いよいよその関係が密になり、継体以降に斎宮が代々派遣されるに及んで、宮廷の重要な氏神の一つとなったものであろうと考えている。しかし、七世紀の初めの唐初にできた『隋書』の「倭国伝」には、倭王は姓を阿毎《あめ》(天)、字を多利思比孤《たりしひこ》(タラシヒコ)といい、また天をもって兄とし、日をもって弟としたと記される。これを見ると、そのころは宮廷に太陽神の崇拝は入ったとしても、まだ皇祖神までには高められていなかったことを示すのかもしれない。

『日本書紀』の天石窟戸の物語のどの異伝にも、アマテラスの新嘗屋のことは記されているが、大嘗とは書いていない。『古事記』のみが「大嘗」という語を使用している。この書が皇祖神という意識がことに強いから、この語を使ったのであろう。

大嘗祭という語は、後世には践祚大嘗祭だけを呼ぶ語となったが、古くは民間の新嘗祭に対して、「朝廷《おおやけ》の新嘗」をいう語であったことは、宣長をはじめ多くの国学者も説いたところである。

このように見ると、天孫降臨神話や神武《じんむ》伝承の中に表われるアマテラスとタカミムスビの二元性は、岡正雄氏や松村武雄氏などが説いたような、先住民族対侵入・支配民族というような種族的問題によるものではなく、伊勢の太陽神であったアマテラスと、大和朝廷との政治的・宗教的結合によるものであることがわかるであろう。

第四章　伊勢神宮とアマテラス

1　古代の太陽信仰

皇祖神アマテラスを、高天原《たかまがはら》の主神、最高神とした記紀の日本神話の中に、純粋な太陽神話が案外に少ないということは、注意しなければならない。顕著な太陽神話といえば、せいぜいイザナギの禊《みそぎ》での、天照《あまてらす》・月読《つくよみ》・須佐之男《すさのお》の三貴子の誕生と分治、『日本書紀』の一書の伝える、日と月の二神が夜と昼に別居するに至ったという由来話、および天石窟戸《あめのいわやど》の神話などである。それ以外にこの大神が出てくる神話は、みな皇祖神として皇孫に国土統治の命令を下したり、群神を従えて高天原の玉座天《あま》つ磐座《いわくら》に坐していたりしていて、太陽神的色彩が薄い。

また太陽神の崇拝も、他の神々のそれと比べて、どの程度に顕著であったかけ、不明である。『延喜式』神名帳を見ると、日神アマテラスを祀るといわれる伊勢神宮や、紀伊の日前《ひのくま》神宮以外にも、日祭《ひまつり》神社とか日出《ひので》神社、天照御《あまてるみ》魂《たま》神社などといった、太陽祭祀と関係がありそうな神社の名がいくつか見えるし、また『三代実録』などを見ると、たとえば大和の朝日《あさひ》豊明姫《とよあかるひめ》とか、隠岐《おき》の日乃売神《ひのめのかみ》とかのような、どう見ても太陽神格としか考えられないような霊格に、神階が授けられていることが記される。

こうしたことから見て、皇祖神以外の太陽神も、多少は崇拝されたらしいことがわかるが、それにしても、その数は、それほど優勢なものではなかったらしい。『延喜式』神名帳には他の霊格、たとえば各地の国魂《くにだま》神社とか水分《みくまり》神社とか海《あま》神社とかのような、国土、農耕、漁撈などに関係する神々を祀る神社よりもずっと少ないのである。

しかし、後世に残ったフォークロアの行事の中には、かつての太陽崇拝の痕跡は見出されないことはない。朝日に向かって拍手する風習や、日待の行事、鼓《つづみ》を打ち鉦《かね》をならし、念仏を唱え、円行して踊り、日出を拝する天道念仏、高い竹竿の先に種々な花を結びつけ、これをテントウサンに供える、四月八日の天道花、あるいは冬のころの太陽の光熱を促進させようとする意図を持っていたらしい神社の御火焚《おひたき》神事や小正月の左義長《さぎちょう》、サイトウなど、みな現在の形式は後世風の色彩で彩られているとしても、その原義が古い太陽祭祀であったことは幾多の先人も指摘している。

皇祖神を祀った伊勢神宮付近の民俗としても、有名な二見浦の輪じめ縄や神島のゲーター祭のグミの木を編んだ輪など、やはりこの地の古い太陽祭祀の名残りであろう。

太陽神話にしても、古くは皇祖神ではない太陽神の神話も民間には行なわれたと思われる。後世の昔話に、昔、七つの太陽が一度に出て、暑かったので、アマノジャクがこれを六つまで射おとしたという岡山県などの話は、東南アジアの苗族《ミャオ》や、台湾の高砂族《たかさご》などにある同様な太陽征伐譚、中国の羿《げい》の十日を射る話などと同系のものだし、また山陰地方の田植歌に、田の神サンバイが、太陽神を父とし、竜女を母として生まれたと歌われている神話なども、皇祖神とは別系の男性太陽神の存在を、物語っているのである。

　日光の感精による処女受胎譚は、その根底に、太陽を男性神格であるとし、これと人間の乙女との神婚と、それによる日の御子の誕生という古代的な秘儀的信仰の存在を物語るものであるが、『古事記』に見える新羅の王子天《あめ》の日《ひ》矛《ぼこ》の妻となったアカルヒメの出生譚などは、その典型的な例である。彼女は、その母が新羅の阿具沼《あぐぬま》のほとりで、昼寝をしている間に、日光が「虹のごとくに」その体を照らし、それによって赤玉が生まれ、その玉が化した女人だということになっている。この赤玉というのは、もちろん太陽象徴であり、この物語は、高句麗の建国の祖朱蒙の出生譚や伽羅《から》の首露王の出生譚などに見るような、卵生型神話の一変相であろうが、またそうした系統の神話を日本に持ちこんだ新羅系渡来人集団出石《いずし》人たちが、実際に呪宝として、そうした赤玉を、持っていたらしいふしがある。『日本書紀』垂仁の条に記された彼らの祖先アメノヒボコが、新羅本国から持ってきたという七種の神宝（『古事記』では八種）の中に、鵜《う》鹿《か》鹿赤石玉一箇《かのあかしのたまひとつ》というのがあった。またヒボコという名自体、太陽神の聖具としての矛より出た名である。『日本書紀』の一書の天石窟戸《あめのいわやど》の神話の一伝で、アメノウズメが日神を招くために「日矛《ひぼこ》」を手にして舞ったという話や、『釈日本紀』に引く『日本書紀私記』に、紀国大神《きのくにのおおかみ》すなわち日前《ひのくま》神宮は「日矛《ひぼこ》の神」であると述べられていることから見ても、日矛は太陽祭祀に用いた祭器の名であったらしいことが察せられる。前記の七種の呪宝の中の出石桙《いずしぼこ》というのはそれであろう。またこの中には、日鏡《ひのかがみ》という、これも太陽祭祀に用いたらしい神鏡があった。このほかに、羽《は》太玉《ふとだま》、足高玉《あしだかのたま》などもあるがこれらはみな太陽象徴としての霊石であろう。この日矛説話の一異伝である『日本書紀』垂仁の巻の大伽羅王子ツヌガアラシトの話では、アカルヒメにあたる女人は、赤玉ではなくして、白石の化身となっている。

　このアカルヒメが夫をのがれて舟に乗り難波に渡り、比売碁曾社《ひめこそのやしろ》の祭神となったという『古事記』の伝えは、摂津西成郡の式内名神大社比売許曾《ひめこそ》神社、およびその分社と思われる同国住吉郡の式内赤留比売命《あかるひめのみこと》神社の縁起であったのであろうが、この社は、もと太陽象徴としての霊石を祀り、これを斎女が管理していた出石《いずし》族の社で、それが後世に、祭られる神と祭る司霊者とが融合し、「太陽霊石」の化した神女を祀る社というような形となったのであろう。ヒメコソ神社の祭神を『延喜式』や『三代実録』で、下照比売神《したてるひめのかみ》と呼んでいるのは、この女神の別名であろう。シタテルという名は、タカテルと同じく、「高きより低きを照らす」という意味の語で、太陽女神を表わす名である。

　この女神の夫としてのヒボコと、その奉じた神宝八種（『書紀』では七種）を祀ると『古事記』に記される但馬出石郡の式内伊豆志坐《いずしにます》神社および御出石《みずしの》神社なども、その名称の出自は、おそらくそうした太陽の霊石の崇拝であろう。ヒボコとアカルヒメの結婚譚は、おそらく、もともと新羅系の蕃神とその妻の神婚説話で、太陽神の象徴としての霊石とこれに神妻として奉仕する斎女の儀礼の神話的投影であろうが、またそれが同じ系統の蕃神の社とされる但馬の出石社と、難波のヒメコソ社の、男女の祭神に結びつけて説明されたのであろう。

おそらく、出石族には、そうした霊石を、呪術的に回転させるとか、神輿や神船に載せて送迎するような行事があり、それで太陽の運行を順調にさせようとしたのではあるまいか。

太陽象徴としての霊石の使用は、後世の民俗にも見られる。沖縄久米島の「堂のヒヤ」は「お日《てだ》拝み」をし、季節を定め、農事を教えたといい、また日出を「日石《うてだ》」によって観測し判定し、また老人たちが播種・田植えの節になると、「御《お》日《てだ》拝み」と唱え、未明にこの石のところに来て、日出の位置によって季節の遅速を知ったという（仲原善秀『久米島史話』）。

新潟県中頸城《なかくびき》郡桑取谷（現上越市）の難波神社の社殿にある径二寸ばかりの円い銭形のもの三個は、おのおの日照り銭、雨ふり銭、風吹き銭といい、それぞれを動かすと、旱《ひでり》、雨降り、風吹きをおこすという。また三者ともに動かせば凶変になると伝え、堅く鎖して手を触れさせぬという（『温故の栞』十七）。

『古事記』に見える、天の日矛の持ってきた八種の神宝、すなわち出石の八前大神《やまえのおおかみ》は、珠二《たまふた》貫《つら》、振浪比礼《なみふるひれ》、切浪比礼《なみきるひれ》、振風比礼《かぜふるひれ》、切風比礼《かざきるひれ》、奥津鏡《おきつかがみ》、辺津鏡《へつかがみ》の八種であるといい、『書紀』の所伝と品目も違うが、これらもやはりおそらく晴雨を調節し、風や波浪を統御する呪能を持つと信じられた神宝で、太陽神の聖物であったのであろう。

これらの神宝の機能を見ると、これを奉じた出石族は、海洋と関係の深い部族であったことがわかる。『古語拾遺』に、このヒボコのことを、「海檜槍《あまのひぼこ》」という字を当てているのは、海人《あま》族との関係を示しているし、『播磨国風土記』では、アシハラのシコヲ（オホナムチ）と国を争って、海水を剣でかきまわして、海中に宿っている。オキツ鏡、ヘツ鏡のオキおよびへは、もちろん「沖」と「海辺」を表わす対称語である。ヒボコおよびアカルヒメが、船に乗って、海を越えて日本に渡来したという物語は、この一族のタヂマモリが、記紀の垂仁の巻に、天皇の勅を受けて、万里の波濤を越え、常世《とこよ》の国に渡り、トキジクノカグノコノミを持って帰ったという話とともに、この一族の海や船との結びつきを表わしている。

私は前著『日本神話の新研究』で、トキジクノカグノコノミとは、『古事記』に、「是れ今の橘なり」と記しているのは、後世の合理観であって、もともと「常恒に光り輝く霊果」を意味し、古代ギリシアの英雄ヘラクレスが、西海の果ての常福の楽園へスペリデスに、黄金のリンゴを取りに行く物語や、古アイルランドの戦士で、太陽神ルーグの子である英雄児クーフーリンが、光り輝く球、車輪、リンゴなどに導かれて、「影の国」の島に渡るという物語などの、リンゴや球と同じく、「太陽象徴」であろうと説いたことがある。

光り輝く霊果を船に載せて、航海するタヂマモリは、その祖先のアメノヒボコの妻の赤玉の化身であるアカルヒメの渡航の神話と、一脈の思想的共通性を感じさせるものがある。いずれも、太陽神の象徴を、船に載せて、水辺に送迎する出石族の行事から出た神話かもしれない。彼ら出石族は、摂津、播磨、淡路、筑前糸島郡、同姫島、但馬などにいたことが、記紀、風土記などで知られるが、いずれも古代の海人の根拠地であった。

タヂマモリの霊果を積む船の話と、連想させられるのは、後世の盆の精霊流しである。盆行事が、仏教輸入以前の古い固有の祖霊祭の面影を残していることは、民俗学者の主張するところであるが、その行事には古い太陽呪術的意図を持っていると思われるものが多い。盆棚の供物としてホオズキ、地梨、ハマナス、リンゴなどの赤い実（おそらく太陽象徴）を供え、また迎え火や送り火を焚き、また山頂などで共同の火を焚いたり、柱松などのように、高い柱のてっぺんに火を投げあげる行事などもあって、ヨーロッパの夏至祭などの火祭り行事と同じく、衰えゆく太陽の活力を更新させるという意味ではなかったかと考えられる。

盆の精霊船は、仏を載せる小舟の上に、供物を載せ、提灯や蠟燭を立てて点火し、これを西方丸だとか極楽丸だとか名づけて流すのである。しかし、この赤い実、円い提灯などを載せた小舟は、古代の太陽呪術的神送り行事を思いおこさせる。類似の民俗行事に、天王丸、虫送り舟、鹿島流し、竜宮船などがある。タヂマモリのカグノコノミの話は、おそらくそうした古俗と関係があるのであろう。

太陽象徴を舟に載せて、海に送迎する行事は、必ずしも出石族には限らず、古代の漁民の間に広く行なわれた信仰であったらしい。諸国の口碑・伝説・縁起類に広く語られているウツボ舟漂流譚などは、おそらく実際のそうした神流しの行事と結びついて語られたものらしい。

フロベニウス、ハートランド、フレーザー、オットー・ランクなどの諸氏が指摘しているように、こうした英雄や貴人が幼少の時、小舟や箱などに入れられて流される説話は、世界に広い。ギリシアのペルセウス、バビロニアのサルゴン、アイルランドのルーグ、インドのカルナなどの出生譚は、みなそうしたタイプに属するが、いずれも太陽的色彩が強く、その子は太陽神の御子として語られ、あるいは多くその母は太陽光線に照らされてみごもっている。松本信広氏も説かれているとおり、これらはかつての太陽象徴を舟に載せて、水に流した行事と関係あるのであろう。

日本でも、『惟賢比丘筆記《いけんびくひっき》』や『八幡愚童訓《はちまんぐどうきん》』などに記される、大隅正八幡宮《しょうはちまんぐう》（式内鹿児島神宮）の縁起に、震旦《しんたん》（中国）の陳大王の娘大比留女《おおひるめ》が朝日の光を身に受けた夢を見て懐妊し、父王によって、母子もろともウツボ舟に載せられ流される話や、『広益俗説弁《こうえきぞくせつべん》』とか蚕《こ》影山《かげやま》系のイタコの語り物に見える、天竺《てんじく》（インド）の霖夷《りんい》大王の娘金色姫《こんじきひめ》が継母によってウツボ舟で流されるという話、また対馬の有名な天道法師の縁起に、照日《てるひ》の菜《さい》という人物の娘が、日光に感じて娠《はら》み、天道を生み、また懐妊のままウツボ舟に入れて流されたという話等々、みな太陽的色彩に満たされ、その主人公の名も、オホヒルメとか、金色姫、照日の菜の娘などと、太陽に関係する名である。これは小栗判官《おぐりはんがん》の照手姫《てるてひめ》（照天姫）までにも糸を引くのである。また行事を伴った伝承としては、前に述べた沖縄の鼠流しの行事に唱えられるオトジチョの神話がある。

　イザナギ・イザナミ神話で、ヒルコは葦舟ないし磐楠船で流されるが、これは東南アジアや南中国の諸族に語られる兄妹相婚型の洪水伝説で、最初に生んだ子は、目や口がなかったという伝承などと同系の伝承の主人公であることを表わすが、また一面に、『書紀』本文に見えるように、国生みの最初から日月二神に続いて生み出される話もある。

　滝沢馬琴も説いたように、ヒルコは「日子《ひるこ》」すなわち太陽神の御子という意味があったとすれば、この幼神が、ウツボ舟で流されるのは、やはり一種の太陽の子の漂流譚である。生み損じの伝えの方は、容器が葦舟になっているのに、この本文では、磐楠船となっていて、「日神の子」にはふさわしい。

『旧事本紀』で、物部氏の祖神であった「日の御子」ニギハヤヒが、天磐船《あめのいわふね》に乗って天降りした話が思い浮べられる。

2　太陽の舟

　いずれにしても、こうした太陽の子の漂流譚と行事は、松本信広氏なども説くように、太陽と海と舟とを結びつける、古代海洋民の信仰の産物であろう。このもっとも具体的なものが、「太陽の舟」の信仰である。

古代人は、太陽の日毎《ごと》の運行を車とか舟とかの乗物に乗ってなされるものと考えていた。太陽神の乗物を馬とか馬車などの形で考えるものは、古代ギリシア、北欧、バビロニア、ペルシア、インド、中国など、ユーラシア大陸の古典世界では広く知られていたが、それよりも古く、かつ分布も広大にわたっていた観念として、スウェーデン、デンマーク、ブルターニュ、アイルランドなどの海岸地帯や、エジプト、シュメール、ペルシア、東南アジア、中国南部、インドネシア、ポリネシアなど、主としてユーラシア大陸南岸沿いに分布していた「太陽の舟」の信仰があった。エジプトのそれは最も古く、かつ著名である。

後者は、海岸の岩壁、古墳の壁、巨石記念物などに、太陽を表わす同心円、輪十字、カギ十字の象形と、それを載せた舳《へさき》と艫《とも》とがそりあがった、ゴンドラ型の船の図像が描かれ、または彫《きざ》まれ、どうやら他界信仰や死霊祭祀と結びついていた観想らしい。古墳の壁画として描かれていることは、単なる装飾画ではなく、死霊の往生を促進する呪術的意図のものなのであろう。

古代人は、太陽の日毎の出没を、人間の生死になぞらえ、その死と復活を信じるとともに、人の死霊が太陽の舟に乗って、他界に伴われることを信じたのであろう。エジプトの古代の日神ラーの船はもっとも有名である。

こうした絵や彫刻を、海岸の岩壁や古墳の壁画に描くことは、死霊の極楽往生を、それによって保証し、促進させようとする呪術的意図を持っているのであろう。その乗物が舟であることは、海洋民の産物としての特色を表わしている。

日本の古代にも、そうした「太陽の舟」の信仰伝承があったことは、松本氏なども、精密に実証し（『日本の神話』。また『東亜民族文化論攷』）、また私なども、その驥尾《きび》に付して、いろいろと討究したことがある（『日本神話の新研究』。また『日本神話と古代生活』）。福岡県浮羽郡福富村（現うきは市）の珍敷塚《めずらしづか》古墳や、またその近くの鳥船塚古墳の壁画などは、みなやはりゴンドラ型に、舳艫《じくろ》がそりあがった舟の上に、カイをあやつる人像、太陽を表わす同心円が描かれ、まさにエジプト、北欧などの図像そのままである。この舟の舳《へさき》または艫《とも》に鳥がとまっているのは、たぶん太陽の霊鳥としての烏《からす》であろうといわれる。烏は、日本では、また死霊の化現だという信仰もある。

『播磨国風土記』猪養野《いかいの》の条に、仁徳の御代に、日向の肥人朝戸君《くまびとあさべのきみ》が、天照大神の坐す舟に猪を献上したという話がある。また『延喜式』神名帳には、伊勢神宮の鎮座する伊勢度会郡に、大神乃御《おおみかみのみ》船《ふね》神社の名が見える。これらは、皇祖神アマテラスの乗る船というのである。皇大神宮の御正体を納める御樋代《みひしろ》と、さらにそれを入れる御船代《みふなしろ》も、もともと日神を載せる箱舟という意味でなかったとはいえない。

『住吉大社神代記』の「胆《い》駒《こま》神南《かんな》備《び》山《やま》本記」にも、「大八嶋国《おおやしまのくに》の天の下に日の神を出し奉りし者は、船木《ふなき》の遠つ神大田《おおた》田神《たのかみ》なり」といい、「この神の造れる船二艘（一艘は木作り、一艘は石作り）を以て、後代の験《しるし》と為し、胆駒山《いこまやま》の長屋墓《ながやのはか》に石船《いわふね》を、白木坂《しらきざか》の三枝墓《さきぐさのはか》に木船《きふね》を納め置く」と記されている。

これは住吉大神を奉じて航海を管掌する豪族津守連《つもりのむらじ》の部下として船材を扱う船木連《ふなきのむらじ》の伝承であるが、この氏族は造船ばかりでなく、葬法にも結びついており、木船と石船とを、かつて彼らの祖神が太陽神を舟に入れて送ったことの記念として、二つの墓の中に納めたというのである。木船・石船は、木棺・石棺だという説もあり、また船のミニアチュアだとも考えられるが、いずれにしても、日本の太陽船が外国のそれと同じく古墳や死霊と結びついていた一つの証跡である。

『万葉集』の挽歌に多い、朝日・夕日の讃え言《ごと》、たとえば巻二の日並皇子尊《ひなめしのみこのみこと》の宮の舎人《とねり》の挽歌に、「朝日照る　佐田の岡辺に　群れ居つつ……」とか、「朝日照る　島の御門に　おほぼしく……」とかは、みな人間の霊魂と太陽とのつながりを信じた古代信仰なのであろう。

九州のこの珍敷塚、鳥船塚のほか、日ノ岡、古畑、千金甲《せごんこう》などの諸古墳、福島県の清戸迫《きよとさく》古墳などの壁画に見える、赤い同心円は太陽を表わすという説は、西欧の古墳の同心円または輪十字の図象や、海岸の岩壁彫像が、一般に、ファルク、シェテリッヒ両氏や、P・ゲリングおよびH・E・デビドソンなどによって、太陽の象形であることが解明されたように、たぶん妥当であろうと思う。

皇大神宮の御船代なども、中世の『貞和御餝記《じょうわおかざりき》』などを見ると、縄掛突起のついた長持型石棺と似た形である。岡田精司氏が説いたところによると、そうした石棺の形が古墳時代前・中期に盛行したものであり、このことは、逆に御船代の成立、いな、さらに進んで神宮の成立がその時期に溯ることを示しているという（『古代王権の祭祀と神話』）。

この時期については、もっと検討を要するのであるが、しかし、こうした棺状の容器に、御正体を入れるということ自体が、なにか死霊との結びつきを連想させることだけは確かである。

しかし、これがまた神代の磐船を連想させていたことも事実である。『大神宮儀式解《だいじんぐうぎしきげ》』などに「船は乗るべきもの、代《しろ》はかはりの意也」といい、「大御神の御霊鏡、皇孫命とともに天降り給ふとき、御船にのせ奉りて、天降し奉りし其御船の形代をのこして、後の世まで御船代といふ物に納奉れり」と述べられているのはこれを示している。

『倭姫命世記《やまとひめのみことせいき》』によると、皇女倭姫が神鏡を奉じて遷幸の途中、美濃国に入り、その国造らが、大神のために御船二隻を作り、これを献上したといい、『元元集《げんげんしゅう》』には、この記事について「御船形の上に楼台を安んじ、神霊を現ず」と記されている。これ以前には、霊鏡だとか神鏡だとか呼んでいて、むき出しであったような感じを受ける。二隻というのは鏡と剣とがあったと伝えられていたからであろう。またこの時はまだ陸地を遊幸中で、船旅ではないと記されているので、伴信友が説くように、実際の舟でなくして、神宝として献《たてまつ》った舟であることがわかるが（『倭姫命世記考』）、私はこれを御船代のことではないかと考えているのである。もちろんこの話自体は歴史的事実ではなく、後世の縁起譚に過ぎない。

神の子が流されたというウツボ舟でも、みな通常の舟の形かというと、そうではなく、たとえば、対馬の阿須の曲《まがり》集落で、三品彰英博士が実見したという「安徳《あんとく》天皇おわたりの箱」とか「おつき渡りの甕《かめ》」、また壱岐小崎の氏神アラハカ様が、入って漂着したという甕などのような場合もある（『増補日鮮神話伝説の研究』）。

本来は舟の形であるべきであろうが、後には、その原義を残していさえすれば、箱の形や甕の形を取るようなことも、あったのであろう。

御船代は、他にも紀伊の日前《ひのくま》神宮や筑後の高良《こうら》大社などにもあり、前者は日神の社であるから不思議ではなく、後者は、中世の『八幡愚童訓《はちまんぐどうきん》』などによると、月神だとされているから、『万葉集』などの「月の船」の歌などを参照すれば、これも不思議はない。

私は、古代宮廷で行なわれた天皇の魂の更新式であり、同時に日神トヨヒルメ（おそらく伊勢のオホヒルメ・アマテラスと同神）の死と霊魂の神上《かみあが》り、およびその招き返しの祭りである鎮魂祭において、御巫《みかんなぎ》が榊でその底を突く、いわゆるツキウケの行事の、当面の祭器である宇気槽《うけふね》などは、もしかすると、そうした日神のこもる神船の象徴ではなかったかと思っている。これは『延喜式』には、「宇気槽一隻《うけふねいっせき》」と記されているものである。

これは神話の天石窟《あめのいわや》の話で、アメノウズメが、「うけ伏せて踏みとどろこし」たという、そのウケである。『年中行事秘抄』では、「旧記に云ふ」として、天石窟戸神話を鎮魂祭の縁起としてあげ、その祭りの行事は、「賢木《さかき》を立て廻らし、その中に船（ウケフネ）を伏せ、御巫この船上に登り、金を以て木に付く」と記されている。つまりうつろな船槽を踏んだり、打ったりして音を立てるわけである。

鎮魂祭のツキウケの行事は、前にこれはもともと伊勢の海人系の斎女を出す司祭氏族猨女《さるめの》君《きみ》家伝来の太陽呪術で、天武・持統朝ごろの日の御子思想の高揚とともに、伊勢から持ちこまれたものではないかと述べたのであるが、こうした点から見ると、このウケフネは、もしかすると、御船代の代用であり、さらに源流としては、太陽神の乗る船の象徴であったのかもしれないのである。これを踏んだり打ったりすると、この中にこもり鎮まる日神の霊が呼びさまされ、外に出てくるという意図であったのではあるまいか。このウケフネという祭器は、この鎮魂祭にしか用いられたことを聞かない。

後世のフォークロアで人が死ぬさいの「魂呼び」にも、枡《ます》を叩いて、魂を呼び返す方法が知られている。ウケフネは、川出清彦氏によると、明治維新ごろの『白川家記録』では、長さ三尺四寸（約一〇三センチメートル）、幅一尺八寸（約五四・五センチメートル）、高さ一尺三寸（約三九・四センチメートル）の酒船を用い、これを伏せるという。古くは御船代形だったのであろう。

このような古代の太陽神が、船や海に結びついていたのは、それをまつる人々がそうした海洋漁撈民《ぎょろうみん》であったからである。伊勢神宮の鎮斎地伊勢度会郡は、隣接の志摩とともに、海人の根拠地として知られ、またこの社は最初磯宮《いそのみや》と呼ばれ、またその供御はほとんどその付近の海士《あま》・海女の貢上する塩、海藻、魚、貝などに限られていた。

同じくアマテラスの分身だと考えられている日前國懸神宮《ひのくまくにかかす》も、付近は古代海人の居住地域で、雑賀崎《さいがさき》などは万葉で「海人のともし火」と歌われ、蜑《あま》集落として知られる。社伝によると、この神は最初、琴浦の海底の岩に示現、それから名草の浜の宮に遷され、さらに現在の秋月の地に祀られたという。漁民の奉ずる神でもあったのであろう。

後にも述べるが、天道信仰や、照日権現などの太陽崇拝で名高い、対馬も古くから有名な海人の根拠地であり、式内の和多都美《わたつみ》神社、和多都美御子《わたつみのみこ》神社など海神系の社が多く、曲《まがり》は著名な蜑集落である。

海岸地方から離れた日神の社でも、山城久世郡の式内水度《みと》神社などは、『山城国風土記』逸文によると、天照高弥牟須比命《あまてるたかみむすびのみこと》および和多都弥豊玉比売命《わたつみとよたまひめのみこと》を祀るとされている。アマテルタカミムスビとは、アマテラス大神とタカミムスビなのか、「アマテル」という太陽的称号を冠するタカミムスビなのかはわからないが、トヨタマヒメは海の女神の名である。少なくとも、この社は日神と海神を合祀したものに違いない。羽原又吉氏なども説いているように、この久世郡一帯は古く海人が移住してきた地であったらしい(『日本古代漁業経済史』)。この他、後述する尾張連《おわりのむらじ》系統の氏族の奉斎した日神天照御魂神なども、海人との結びつきが顕著である。

このような事例から、私は日本古代の太陽崇拝は、もともと海人族系のものであったと考えているのであるが、またそうした太陽と海との結びつきは、東南アジアやオセアニアなどの信仰文化にも通じるものがあるのである。松本信広氏などが、インドシナのドンソン銅鼓の側面の鳥形の人物像と船を、そうした信仰で解釈したこと（『日本の神話』）を参照すればよい。

天の日矛の故郷であったとされる南朝鮮にも、そうした信仰があったらしい。『三国遺事《さんごくいじ》』に見える、延烏郎《えんうろう》と細烏女の説話がそれである。夫が海岸で藻を採っていると、一つの巌または魚がこれを負うて、日本に走り去り、そこで王となった。妻は夫の跡を追い、やはり巌に乗って日本に渡り、夫婦再会した。

ところが、この時、新羅の日月が光を失い、日を掌る祭官は、日月の精が日本に去ったと国王に奏上した。新羅国王は使を遣わして二人に帰国を求めたが、延烏はこれを拒み、そのかわりに妃の細烏の織った絹を与えた。新羅でこれをもって天を祭ると、日月がもとどおりに輝いたという。細烏女のハタオリは、なんとなく日本のアマテラスのハタオリを連想させる。

烏は太陽の霊鳥であるが、これを名とする日月の精が、岩や魚に乗って東海に去るというのも、海洋的な太陽祭祀から出た話なのであろう。この地を迎日県と呼ぶのは、そうした太陽祭祀の場所であったからであろう。これらの日月の精が日本に渡るというのも、ヒメコソのアカルヒメが日本に帰っていったという話と同じく、本来は海の果ての太陽の国に渡ったということにすぎなかったのに、後世に現実の日本の地に比定されたのであろう。

日本も南朝鮮も、ともに東南アジア・オセアニアなどの南方世界に通じる基層文化を持っており、ともに海の果てに豊饒と生命の源泉としての神霊の国の信仰を持っていた。そしてそれは時折、脱解王だとか正八幡宮の若宮だとかヒルコだとかのような「日の御子」が、そこからウツボ舟に乗って漂ってくる太陽の故土であったのである。沖縄のニライなども、『おもろさうし』などでは、「テダガアナの御島」とか「アガルイの御島」と呼ばれて、東海の果ての太陽の昇る出口のある島だと考えられていた。

南朝鮮の伽耶《かや》（伽羅）の古墳から鳥の仮面をかぶった船人が櫓舵をあやつっている姿を表わした船模型の土器が、近年発見されたこと（松本信広編『論集日本文化の起源』3の同氏解説）も、ドンソン銅鼓の鳥船図と対照して、興味深い。

3　天照御魂神と太陽崇拝

『延喜式』神名帳には、畿内およびその周辺地域に、天照御魂神《あまてるみたまのかみ》もしくは天照神《あまてるかみ》という名の祭神を祀る神社の名が、諸処に見える。大和では城下郡に鏡作坐天照御魂神社《かがみつくりにますあまてるみたま》、城上郡に他田坐《おさだにます》天照御魂神社、山城では葛野《かどの》郡木島坐《このしまにます》天照御魂神社、摂津では嶋下郡の新屋坐《にいやにます》天照御魂神社がある。山城久世郡の水主《みぬし》神社十座の中にも水主坐《みぬしにます》天照御魂神一座の名が見える。その他、丹波の天田郡天照玉命《あまてるだまのみこと》、播磨の揖保坐《いいぼにます》天照神社、隔たった地では対馬下県郡の阿麻《あま》氐留《てる》神社などがある。

社号には、一般に地名から出ているものも多いから、このような「アマテル」を名とする神を祀りながらも、それが神社名として出てこない場合もあったであろうから、実際は、その神はもっと広く祀られていたかもしれない。前述の山城の水主神社などそうである。『三代実録』を見ると、天照真良建雄神《あまてるまらたけおのかみ》、天照御門神《あまてるみかどのかみ》、天照高日女神《あまてるたかひめのかみ》などという、アマテルを冠する神に神階が授けられている。これらはみな式外である。

天照御魂という霊格については、私は前にいくつかの論考を書いたことがある。要するに、この神については、

(a) 伊勢の天照大神とは別の日神であること。
(b) 男性神格と考えられていること。
(c) その中の若干が対馬系の日神天日神命《あめのひみたまのみこと》であること。
(d) それ以外の天照御魂神の多くが、尾張連氏およびその同族と伝えられる諸豪族の奉戴する神であったこと。

(e) 尾張氏系の天照御魂神は、彼らの系図上の祖先の火明命《ほあかりのみこと》とおそらく同神であるらしいこと。

(f) 対馬系の天照神も、尾張氏系の天照御魂神も、みな海人族にゆかりのある霊格であること。

等々の事実が確証せられたのである。この天照御魂神は、皇祖神天照大神の原型《プロトタイプ》の一つであり、また事実後世に天照大神を祀る社であるとされたものも、古くはこの神を祀っていたものが多いということも、明らかにされたのである。

その後、この天照御魂神→天照大神というコースについては、筑紫申真氏もこれを採り上げ(『アマテラスの誕生』)、また尾張氏と火明命の関係については、吉井巖氏がこれを展開させておられるが(『天皇の系譜と神話』)、この問題は今後もさらに追究しなければならない。

もちろん「天照《あまてる》」という語の意味は「天上を照らす」という意味で、太陽神にふさわしき形容語であるが、太陽の光輝ばかりに用いられる語ではない。『万葉集』巻三に、「久堅《ひさかた》の天照月《あまてるつき》を……」とか、巻七に「久方の　天照月は　神代にか……」などと歌われているのを見ると、月の光に対しても用いられている。

ただ天照御魂神、天照神と名づけられる神格は、月や星や雷電などには関係せず、太陽神としての色彩が強いのである。対馬の下県郡の阿麻氏留《あまてる》神社は、後世の照日権現《てるひごんげん》というものがこれにあたり、小船越村にあると、『神名帳考証《じんみょうちょうこうしょう》』や『対馬国大小神社帳』などには記されている。この神は、『旧事本紀』に見える、対馬県主《あがたぬし》らの祖神とされる天日神命《あめのひみたまのみこと》という神であろうといわれ、諸書一致している。

『日本書紀』顕宗《けんぞう》三年の記事に、阿閇臣事代《あべのおみことしろ》という人物が任那《みまな》に使したとき、日神が人に憑《の》り移り、事代に神託を下している。すなわちその託宣は、「大和の磐余《いわれ》の田をわが祖高皇《たかみ》産霊《むすび》に献れ」というのであった。そこで事代はこれを奏上し、神の乞いのままに田十四町が献上され、対馬の下県直《しもつあがたのあたい》が祠官となったという。ここで神託を下した日神は、対馬県直と結びついていることが、はっきりしているので、これは皇祖神のアマテラスではなく、対馬系の天日神命、照日権現であることは明らかである。対馬下県郡には、阿麻氏留神社とともに、高御魂《たかみむすび》神社の名が『延喜式』神名帳に見える。この話の筋は簡潔すぎて明瞭ではないが、要は対馬系の日神が、己れの族祖のタカミムスビを、大和で祀ってくれという神託を、コトシロという人物に下したので、タカミムスビが大和で祀られるようになったというのである。磐余《いわれ》の田は、大和国十市郡の磐余の田であり、その神田は十市郡目原に坐《いま》す高御魂神社に献上されたものとされている。

同じ書の顕宗三年二月（前述の事件の一月前）に、月神が人に憑り移り、やはり阿閇臣事代に託宣を下し、「わが祖高皇産霊《たかみむすび》が天地を鎔造《ようぞう》するのに大功があったので、民地を献上せよ」といい、そこで奏上したところ、山城葛野郡の歌荒樔田《うたのあらすだ》を賜わったという記事がある。そこで壱岐《いき》県主の先祖押見宿禰《おしみのすくね》が祠官となったというのである。

この月神は壱岐県主の祖神として『旧事本紀』に挙げられている天月神命《あめのつきみたまのみこと》であり、その本拠が『延喜式』神名帳に見える壱岐島壱岐郡月読神社であったことは、定説になっている。この月神の御祖神《みおやかみ》としてのタカミムスビは、やはり壱岐郡の高御祖《たかみおや》神社がこれであるといわれている。

この日月二神は、官府のアマテラスとツクヨミとは違った卜部《うらべ》系の日月神であることは、従来説かれてきたところであるが、それにしても、この神託に基づいて、畿内にタカミムスビばかりでなく、その日月神の社が設けられたらしいのである。すなわち対馬系の日神は、山城葛野郡の木島坐《このしまにます》天照御魂神社、壱岐系の月神は、同国同郡の葛野坐《かどのにます》月読神社がこれであるといわれる。

対馬は前にも述べたように、後世の天道（天童）信仰でも知られているように、太陽信仰が行なわれた地である。対馬のアマテル神社のことを照日権現とも呼ぶのは、天道法師の母が「照日《てるひ》の菜《さい》の女《むすめ》」と呼ばれていることとも通じる。『対州神社誌』や『対馬国大小神社帳』などを見ると、照日《てるひ》明神、日照《ひでる》明神などという神を祀った社が、対馬の諸処にある。鈴木棠三氏の調査・研究によると、対馬の阿連《あれ》などで神無月に留守番を引き受けるオヒデリ様という女神は、この神であろうという（『対馬の神道』）。

この「顕宗紀」の日月二神の託宣の記事は、もちろんそのままが史実であったとは考えられない。ただ、いつのころからか対馬系と壱岐系の卜部のまつる日月二神の祠が山城の葛野郡に相接してあったのを説明するために、同じ時に、同じ人物に二神が託宣を下して、それぞれの島から山城に遷されたのだと語ったのに過ぎない。アベノオミコトシロは、けっして実在の人物ではなく、コトシロヌシという名が一般に託宣を掌る霊格の名であるのを参照して、「海人部《あまべ》のヨリマシ」を表わす普通名詞から転化した名であると考えてよかろう（松前『日本神話と古代生活』）。

しかし、それはともかくとして、この対馬系の日神が、一面にアマテル神とかアマテルミタマノ神とか呼ばれていることは、この系統以外の他のアマテル神、アマテルミタマノ神の性格をも、ある程度、類推させるものがあるのである。

ところが、前に述べたように、他の系統の天照御魂神は、みな尾張連の一族の祀る神であった。山城久世郡の水主《みぬし》神社の十座の中の天照御魂神は、尾張連家と同族で、火明命《ほあかりのみこと》の子孫とされる水主直《みぬしのあたえ》と榎室連《えむろのむらじ》が祀っていたらしく、丹波天田郡の天照玉命《あまてるだまのみこと》も、尾張氏一族とされる丹波国造および同国天田郡六部《むとべ》に居住していたらしい六人部連《むとべのむらじ》が、祀っていたものらしい。天照玉命神社は一名アマテル神の社と呼ばれており、その祠官であった丹波忠茂朝臣が、『夫木集《ふぼくしゅう》』で歌った、「大江山　昔の跡の　絶せぬは　あまてる神も　あはれとやみん」の歌がある。

摂津の新屋坐天照御魂神社《にいやにます》は、尾張連の一族丹比新屋連《たじひのにいやのむらじ》、播磨の揖保坐天照神社《いいぼにます》は、同族の五百木部連《いおきべのむらじ》というように、みな尾張氏と結びついていた。

尾張連・尾治連《おわりのむらじ》・尾張宿禰《すくね》などという豪族は、五、六世紀から七世紀にかけて、主として近畿から濃尾地方にかけて勢力を占めていたことは知られている。尾張国の土豪で、熱田神宮の大宮司職を継いでいた尾張国造《くにのみやつこ》氏や、大和国葛城の高尾張《たかおわり》にいた、『新撰姓氏録』の大和神別氏族であった尾張連氏なども、みな同族であった。これらは火明命という神を、共通の族祖としている。

火明命については、記紀ともに、尾張連らの祖先と認めている存在であり、その名も天《あめの》火明命《ほあかりのみこと》とも天照国照彦天火明命《あまてるくにてるひこ》とも呼ばれている。鈴木重胤の説くように、「ホアカリ」は「光《ひかり》」の古語であり、アマテル・クニテルは「天地を照らす」という意味の語である。要するに、この神は「天地を照らす光体」を意味する霊格である。天照御魂神とはまさにこの神の異名にほかならない。

この神の系譜は記紀によっても、しばしば動揺し、天孫ホノニニギの皇兄であるとか、海幸・山幸兄弟のさらに末弟であるとか、さまざまである。『旧事本紀』などに見える、物部連の祖ニギハヤヒと同神だと見る説などは、後世的な同一視にすぎないであろうが。『播磨国風土記』の中に見えるオホナムチの子の火明命も、別な系譜である。

4　尾張氏の系譜

この神を奉戴し、これを祖とする尾張氏の同族には、津守連《つもりのむらじ》、伊福部連《いふくべのむらじ》、石作連《いしつくりのむらじ》、丹比《たじひの》宿禰《すくね》、蝮壬部首《たじひのみぶのおびと》、六人部連《むとべのむらじ》、湯母竹田連《ゆおもたけだのむらじ》、坂合部宿禰《さかあいべのすくね》、但馬海直《たじまのあまのあたえ》、五百木部連《いおきべのむらじ》など、数多くの有力氏族があったことが、『新撰姓氏録』や『旧事本紀』などによって知られる。

これらの広大な地域にわたる豪族が、血族的に同一氏族であったかどうかは疑わしいが、少なくともある時期において、尾張連氏などの有力豪族をめぐって統属関係を持っていて、やがて同族系譜の中に組み入れられるに至ったものではないかと考えることができよう。

尾張氏系諸族の中で、もっとも有力なのは、葛城の高尾張にいた尾張連（高尾張氏）と、尾張国造家との二者であるが、宮廷に深い関係を持ち、后妃を出したのは、前者の方であった。

記紀によると、神武の後、崇神《すじん》の前までの、いわゆる闕史《けつし》八代の中の孝昭《こうしょう》帝と尾張氏の女世襲足姫《よそたらしひめ》との間に孝安《こうあん》帝が生まれ、また崇神の妃にこの一族の大海姫《おおあまひめ》が出ている。『旧事本紀』の尾張氏の系図では、このヨソタラシヒメの兄弟・眷属に、葛木彦《かつらぎひこ》だの葛城尾治置姫《おわりおきひめ》だの、葛木出石《いずし》姫だの、大和の葛城を名としている人物が少なくない。大海姫も一名葛木高名《たかな》姫《ひめ》と呼ばれている。したがって、この外戚家が、葛城の高尾張氏であることは、まず間違いないであろうが、ただこうした関係が実在性の稀薄な闕史八代から崇神までの間に行なわれていることは、問題であろう。

本居宣長、飯田武郷などの国学者をはじめとし、太田亮、高群逸枝などの近代諸家にいたるまで、このことをもって尾張氏一族の本貫を、この葛城地方であるとし、崇神朝ごろに、その族人が尾張国に下り、国造となったものであろうということを主張している。景行朝《けいこう》には、知られるように、倭建命《やまとたけるのみこと》が国造の娘の宮簀姫《みやずひめ》と結婚しているという伝承があるからである。

しかし、私は前に論文「尾張氏の系譜と天照御魂神」（『日本書紀研究』第五冊、昭和四十六年。後に『古代伝承と宮廷祭祀』に再録）を書き、こうした崇神以前の天皇と葛城尾張氏との関係は、史実とはいえず、六世紀中葉の継体《けいたい》・安閑《あんかん》・宣化《せんか》三朝のころ、この氏族が皇室の外戚氏として大勢力を張っていたころの体制の反映であろうとし、むしろ尾張国こそこの氏族の本貫であって、五、六世紀のころに、その一族の有力者が大和朝廷への連絡・出先機関として葛城地方に居宅を設けたのであり、これが后妃を出すような名家となったのであろうと、推定したのであった。この考えは今でも変わりない。

新井喜久夫、上田正昭などの諸氏も、期せずして、やはり尾張氏の本貫は尾張国であると考えておられるのは、心強いことである。

景行の御代の宮簀姫の伝えは、もとより後世の伝承で、史実ではないが、『古事記』に見える応神《おうじん》の三后妃が、そろって尾張連の祖建伊那陀宿禰《たけいなだのすくね》の外孫であるとする系譜は、『旧事本紀』の天孫本紀にも、火明命十三世の孫尾綱根《おつなね》が応神の御代に大臣となり、その外孫の三女王が、応神の后妃となったという記事があるのと一致し、なんらかの史実が中核となっているようである。このタケイナダノ宿禰は、『尾張国熱田太神宮縁起』に見える、尾張国造家の祖先で熱田神宮に仕えたとされる稲種公《いなだねのきみ》と同一人物と思われるから、この応神朝の外戚氏は、尾張国造家であったと思われる。

　これらの正確な年代は疑わしいとしても、記紀の景行の巻の倭建《やまとたける》と宮簀姫との婚姻伝承とともに、この尾張在住の豪族と大和朝廷・皇室との結びつきの史実（たぶん五世紀初頭ごろから六世紀中葉ごろまで）の記憶を、ある程度、伝えたものといえるのではなかろうか。

　応神・仁徳の難波朝は、例の日向の髪長比売《かみながひめ》の入内《じゅだい》の物語や、また吉備の黒日売の話などもあって、后妃を畿内以外の遠国から迎え、中央集権の実を図ることも行なわれたのかもしれない。

　これが六、七世紀ごろになると、后妃はしだいに畿内の豪族や朝廷内の貴族の中に求めるようになったのであろう。

　尾張氏の分族が葛城の高尾張に移り住んだのはいつごろか不明であるが、『日本書紀』允《いん》恭《ぎょう》五年の記事に、葛城氏の玉田宿禰が罰せられた時、朝廷が尾張連吾襲《あそ》を葛城に遣わしたというのがある。これはどう見ても、葛城在住の尾張氏に相違ない。この年代はほぼ五世紀中葉ごろということになるが、もちろん正確な年代ではない。

尾張氏は、もともと海人族出身の氏族であったらしい。『尾張国熱田太神宮縁起』には、「海部《あまべ》は是れ尾張氏の別姓なり」と記されている。この国造家の一族の海部氏は、尾張国愛智郡の式内の氷上姉子神社の祠官であったことが『縁起』に記されるし、また『旧事本紀』によれば、但馬海直《たじまのあまのあたえ》や凡海連《おおしあまのむらじ》なども同族であるとされている。また丹後国与謝郡の籠神社《このかみのやしろ》も、『一宮記《いちのみやき》』によれば海神住吉大神と同体とされ、またその社家の『海部氏系図《あまべしけいず》』によると、天孫火明命の裔の海部直《あまべのあたえ》氏が祠官として奉仕している。尾張国には海部《あまべ》郡海部郷があり、古くから海人の根拠地として知られていた。この尾張氏そのものが、もとおそらく伊勢湾一帯の海人の宰領家であったのかもしれない。

いな、その勢力範囲は、それに止まらず、海人中の豪族、住吉大神に奉仕する津守宿禰《つもりのすくね》や但馬国造で、同国城埼郡の海《あま》神社の祠官であった但馬海直などをも、一族に加えている。

私は、おそらくこの同族関係は、尾張氏がもと宮廷の膳部方面に職掌を持ち、新井喜久夫氏なども推定されているように、海産物の貢献などで、これら海人系地方豪族と結びつくことが多かったことによるものと考えている。またこうした海人系諸族は、天照御魂神《あまてるみたまのかみ》・天照神というような、海洋性の濃い太陽神を持っていたことも、彼らの同族意識を強めたかもしれない。

住吉の筒男《つつのお》三神を奉ずる津守氏などは、記紀には、その出自については沈黙を守っている。火明命の系譜にも津守氏は出てこない。『新撰姓氏録』になって初めて、火明命の子孫とされている。おそらく古くは別系の氏族であろうが、やはり同様な太陽信仰を持っていたことから、同族視されたのであろう。

この津守氏およびその一族の船木氏の伝承であった、前述の『住吉大社神代記』の日神の船の神話は、皇祖神天照大神ではなくして、天照御魂神の船であったことは、明らかであろう。また同じく津守氏系の伝承で、神功皇后に憑り移った神は『古事記』によれば、住吉三神のほかに天照大神の名があり、『日本書紀』では、アマザカルムカツヒメと名乗っている。これを、後に山背根子《やましろねこ》の娘の葉山媛に命じて祀らせたのが、摂津武庫郡の広田神社であるという。これは一般に、天照大神の荒御魂であるといわれるが、このヤマシロネコという人物は、『旧事本紀』に見える、火明命の子孫の玉勝山代根子《たまかつやましろねこ》という人物と同一人物と思われるふしぶしがある。もしそうなら、この尾張氏系の一族の女によってまつられたこの広田大神も、古くは天照大神ではなく、天照御魂神であったという推定もできるであろう。

しかし、海人系の太陽神天照御魂神を奉じる氏族の中には、どうしてもその独自性のゆえに、尾張氏系の火明命と己れの日神とを同一視することを肯《がえ》んぜず、尾張氏とは別系氏族であることを主張したものもないではなかった。おそらく対馬県直《あがたのあたい》などはその一つであろう。対馬の卜部《うらべ》は、統属関係からすれば、むしろ神祇官の長である中臣氏の配下であったから、

『新撰姓氏録』などでは、むしろ中臣雷大臣《いかつおおおみ》の子孫であると主張するなど、中臣系の色彩に塗られていったのであるが、別に尾張氏などとはなんの関係も持たなかったのである。

いずれにしても、このような海人系の太陽神天照御魂神《あまてるみたまのかみ》、火明命《ほあかりのみこと》、天日神命《あめのひみたまのみこと》などを祀る社は、後に皇祖神天照大神の神威が、大和朝廷の勢力の伸張とともに盛んになるに及んで、大神のそれに切り換えられていったことは事実である。

たとえば、後世の社伝では、天照大神の御魂であるとして、天石窟戸の神話における神鏡の鋳造の話を縁起譚にしてしまっている大和城下郡の鏡作坐《かがみつくりにます》天照御魂神社でさえ、『大和《やまと》志料《しりょう》』によると、「天照御魂或ひは火明の別号を得」といい、また「石凝姥命《いしこりどめのみこと》一名天香山命の子孫鏡作氏の鋳造する所」といって、尾張連の祖先の天香山命《あめのかぐやまのみこと》（『旧事本紀』）や火明命の名が隠見している。また河内高安郡の天照大神高倉神社は、式内社の中で実際に天照大神の名を有する唯一の社で、岡田精司氏なども、これと河内王朝の天照大神祭祀とを結びつけようとされている（『古代王権の祭祀と神話』）が、『延喜式』には、もと春日部《かすがべ》の神と号したと記されており、これも鈴木重胤が論じたように、尾張国春日部郡から遷されたものらしく、これももとは天照御魂神であった形跡がある。後世のものではあるが、中世の『天地《てんち》麗気記《れいきき》』にも、この神は伊勢津彦とともに、伊勢の土着神として窟にいた存在として語られるが、天照大神とは別系の神として語られている。

このような皇祖神化の傾向としてもっとも顕著なものは、この尾張国造の奉斎する熱田神宮であろう。この神社はいうまでもなく、三種の神器の一つ草薙剣《くさなぎのたち》を神体とするし伝えられ、その祭神は、古来天照大神、スサノヲ、ヤマトタケル、ミヤズヒメであるといわれている。アマテラスを除いた他の三神の名があるのは、この神剣が、スサノヲの大蛇退治のさい、尾の中から出てきたといわれ、また景行の御代に、ヤマトタケルによって熱田に遷され、ミヤズヒメによって奉斎せられたのが、創始であるという、記紀の伝えがあるからである。

しかしながら、こうした、出雲→大和→伊勢→尾張といったこの剣の移動の神話的物語を、そのまま史実と考えること自体、厳密な歴史学的態度ではないのである。八岐大蛇《やまたのおろち》の尾から出てきたという、出雲の神話的な霊剣天叢雲剣《あめのむらくものつるぎ》と、たぶん尾張氏の奉じた草薙剣とは、まったく別物であったのであろう。また天皇のレガリヤ（皇位の璽《しるし》）としての、鏡剣神璽の中の、剣とも、本来はまったく別物であったと考えられる。

宮簀姫《みやずひめ》が奉じたという草薙剣は、もともと尾張国造家に伝世の太陽の霊剣であって、皇室とはなんらの関係もなかったに違いない。これが皇位のレガリヤである三種の神器の一つと同体視され、またこれがヤマトタケルによって熱田の地にもたらされたという伝説が作られたのは、この氏が皇室の外戚家として勢力を張った時代であろう。

『尾張国風土記』逸文によると、この神剣を宮簀姫《みやずひめ》が祀るに至った顛末は記紀の伝えと異なっている。すなわち、桑の樹にかけたこの霊剣が、夜、光り輝いたので、ヤマトタケルが姫に向かって、「この剣には神気があるから、これを祭り、わが形見とせよ」と命じたので、社を建てたという。『尾張国熱田太神宮縁起』では、もっと神秘な話となり、ミコトの薨去《こうきょ》の後、姫は独り御床を守り、久しく神剣を安置していたが、これが日夜光り輝いて霊験が著しかったので、一族を集め、社を建て、これを祀った。社の地を卜定《ぼくじょう》したが、その地に楓の樹が一本あり、炎で焼け、水田に倒れ、水田も熱したので、熱田社と呼ばれたという。

おそらく、このもとの話は、ヤマトタケルとは関係のない、若い神霊の降臨および聖婚の物語であり、その昇天とその御霊代《みたましろ》としての光り輝く霊剣の奉斎の物語であったのであろう。そしておそらくこの天降る若い神霊こそは、尾張氏の奉ずる天照御魂神であったのではあるまいか。これが後に、「大和の日の御子」すなわちヤマトタケルに結びつけられたのであろう。

伊勢神宮の日神信仰が宮廷に持ちこまれ、天照大神が皇室の祖神と見なされるようになると、まずその御霊代《みたましろ》としての神鏡と、宮中のレガリヤであった鏡とが、同体視されたのであろうが、つぎに宮中のレガリヤの剣が、尾張氏の太陽の霊剣クサナギと同一視され、両者を結びつけるため、ヤマトタケル伝説が作られたのであろう。ミコトと姫と神剣との物語は、もと天照御魂神ないし天火明命と、これに神妻《かみづま》として仕える巫女、およびこの日神の象徴としての霊剣の物語であり、その素材は熱田の土俗伝承から出たものであろう。その後、出雲神話の宮廷流入——私はこれを天武・持統のころと考えているが——とともに、さらにこの剣は、出雲の大蛇の尾から出現したという神話上の剣とも同一視されたのであろう。三者はもともと別物なのである。

このような天照御魂神、火明命が、海や船と結びついていたことは、それと海人との関係や、住吉大神などとの関係からもうかがうことができるが、『播磨国風土記』餝磨《しかま》郡の記事に見える火明命《ほあかりのみこと》の話にもうかがわれる。ここでの火明命は、オホナムチの子とされる。乱暴な性格であったので、父神がこれを憂え、因達神山《いだてのかみやま》において、その子に水を汲ませ、還らぬうちに、船に乗って置き去りにした。ミコトは還って大いに怒り、風波をおこして船を追った。そこで父神の船は進むことができず、難破してしまった。そこでその処を名づけて波《なみ》丘《おか》といい、また琴《こと》・箱・櫛匣《くしげ》・箕《み》・甕《かめ》・稲・冑《かぶと》・沈石《いかり》・綱・鹿・犬・蚕など、いろいろの道具や動物が落ちた地点を、それぞれ地名としている。

この火明命は、オホナムチの子といわれるので、尾張氏の火明命とは別系の神であるという説もあったが、この播磨にはこの餝磨郡に、尾張氏の一族の石作連《いしつくりのむらじ》が居住したことや、同じ火明命の子孫とされる但馬の国造（但馬海直）の族人が住んでいたこと、および尾治連長日子《むらじながひこ》の墓と伝えるものの存すること、さらに揖保郡には、同族の五百木部連《いおきべのむらじ》や石作首《いしつくりのおびと》らが住んでいたこと、等々の事実が『播磨国風土記』に記されているのを見ると、この火明命も、やはり尾張氏の天火明命以外の何者でもないことがわかるであろう。この火明命は、おそらく『播磨国風土記』の諸処において記されているように、出雲人の奉じろ一種の新興宗教オオナムチ教ともいうべきものに包摂され、その眷属神とされてしまったのであろう。

それにしても、この火明命は、風波をおこして、海上を渡っている。この火明命を別名の天照御魂神という名に置きかえてみると、やはり「海をわたる太陽神」ということになる。たぶん古代の海上渡御のような神事の印象から出た話であったのであろう。

この火明命を奉じたと思われる石作連が、石棺製作にあずかる氏族であったことは、またこの太陽神と墳墓との結びつきを想像せしめ、前に挙げた『住吉大社神代記』の日神の船の伝承とも共通な、南方的な「太陽船」の信仰とのつながりを感じさせるものがあるのである。

5 心御柱の秘儀

伊勢の皇大神宮の祭神が、天照大神・オホヒルメムチと呼ばれる女神であったことは、記紀に明記されている。この神が女神であったことは、説話上ばかりでなく、延暦《えんりやく》の『皇太神宮儀式帳』に見える内宮の祭具や装束類が、裳《も》だとか比礼《ひれ》だとかオスヒだとか櫛嚢《くしぶくろ》だとかのような女物ばかりであるのを見てもわかる。この点は、天照御魂神、天日神命などが、男性神であるのと対照的である。

しかし、この伊勢大神でさえ、古くはアマテル神と呼ばれていたらしい。神楽歌に、「あ

まてるや　ひるめの神を　しばしとどめむ」とあったり、皇大神宮の鎮座する伊勢度会郡の神路《かみじ》山《やま》の一名を古来天照山《あまてるやま》とか鷲日《わしひ》山《やま》とかいっている（『伊勢参宮名所図会』『三国地志』）のを見ればよい。アマテラスとはアマテルの敬語法にほかならない。つまり皇祖神であるための特別な言いかたなのである。

またこの天照大神は、女神であるとは言いながらも、男性神としての要素がまったくないとは言い切れないものがあるのである。筑紫申真氏なども注目した、中世の『通海参詣記《つうかいさんけいき》』に見える、斎宮の御衾に夜な夜な大神が通い、蛇の鱗をおとしていくという俗伝や、記紀に見える、スサノヲに立ち向かう大神の男装の話なども、なにかこの女神の前身を、感じさせるものがあるのである。古くは伊勢側の学者などからも、『内宮男体考証』その他の書が出たくらいである。

折口信夫博士などは、皇大神宮の北隣にある荒祭宮《あらまつりのみや》を、そうした原初的な男性太陽神と考えていた。これがしだいに女性化したのは、これに神妻として仕える代々の斎宮の印象が強大となり、祭る者のイメージが、祭られる神の性格と重なったからであるというのである。

さらに岡田精司氏は、今の荒祭宮の位置が、現在の内宮の東西の殿地の中の最初の殿地だと伝承されている西殿地の真北にあって、あたかも内宮の古い本殿のような形を取っていることや、鎌倉時代の『神宮雑例集《じんぐうぞうれいしゅう》』に引用されている『大同本記《だいどうほんぎ》』の文に、皇大神が鎮座のとき、度会氏の祖先の大幡主《おおはたぬし》が最初に荒祭宮の地に大宮を造ったという伝承があること、また荒祭宮の神域内から臼玉などの祭祀遺物が出土したことなどから、この荒祭宮の祭神こそ、古い内宮の神であったことを推定しようとしている。そして現在の正殿の位置に斎王《さいおう》の籠《こも》り舎《や》があったのが、斎王の神格化によるヒルメノミコトの崇拝の成立とともに、それが正殿となったのであろうと説いている。ヒルメの名義は、従来解釈されたような「日女《ひるめ》」すなわち「太陽女神」の意よりも、「日妻《ひるめ》」すなわち「太陽神の妻」としての斎女を指す語であろうというのが、折口博士の説であるが、岡田氏はこれを承けて、皇大神宮の殿舎の構造・位置から、このアマテラスの「男神から女神への過程」を推定しようとしたもので、きわめて独創的な見解である（『古代王権の祭祀と神話』）。

ヒルメという名が「太陽神の妻」という意味があったらしいことは事実である。前に述べた大隅正八幡宮の縁起に見える、オオヒルメは、日の光に感じて御子を生むのである。

荒祭宮の祭神は、古来アマテラスの荒御魂《あらみたま》であるとされているが、また『倭姫命世記』や『天照坐伊勢二所皇太神宮御鎮座次第記』などには、ミソギの神であるセオリツヒメだとも伝えられている。この神は他の別宮とは異なる特別扱いをされており、神嘗《かんなめ》・月次《つきなめ》の、いわゆる神宮の三節祭《さんせつさい》には、幣帛《へいはく》が内宮とこの荒祭宮だけに奉納されるとか、四月の神衣祭《かむみそのまつり》では、内宮とこの神だけに、神服織殿《かむはたおりどの》で織った神衣《かむみそ》を供えるなど、皇大神宮と同格の扱いを受けている。

平安時代の『大神宮諸雑事記《だいじんぐうしょぞうじき》』に見える、長元《ちょうげん》四年（一〇三一）六月の月次祭の日に、時の斎王が斎王候殿の中で、神に憑《の》り移られ、斎宮寮の寮頭夫妻の不敬の罪を指弾する神託を発したという記事に、この託宣を発した神は、「われは皇大神宮の第一別宮の荒祭宮なり」と名乗っている。いわばアマテラスのスポークスマンとしての存在でもあったらしい。しかし、この荒祭宮が、男神であったという証拠はあまりないようである。『皇太神宮儀式帳』に掲げられたこの宮の装束にも、裳や櫛筥などの女物が多い。また岡田氏の説くような、現在の内宮の正殿が、斎王の忌みごもりの殿舎だったという、構造的ないし儀礼的な痕跡はあまりないようである。

三品彰英博士が、この荒祭宮のアラマツリを、賀茂のミアレの祭のアレと同じく神の誕生を意味する語であるから、この宮を「太陽神を生み出す母神」であるとされたのは、おもしろい考えである。私なども、この荒祭宮こそかえって神の誕生や示現（ミアレ）を掌り、託宣を掌る巫女の神格化ではないかと考えている。『中右記』『康富記《やすとみき》』などを見ても、荒祭宮は時々鳴動したり、吉凶を卜したり、内宮の神の神意の発現と関係している。『神名帳考証』の中で度会延経《わたらいのぶつね》が、神功皇后に憑り移って託宣を発した、五十鈴宮にいます撞賢木《つきさかき》厳之《いつの》御《み》魂《たま》天疎《あまざかる》向津姫《むかつひめ》命《のみこと》とは、この宮の神であるとし、男神アマテラスに仕える神妻《かみづま》（ムカヒメ、ムカツヒメは正妻の意）であろうと述べたことも、示唆的である。後世の『大神宮儀式解』などでも、この宮の神をアマザカルムカツヒメだとしている。この神に対する仕事がとくに荒祭物忌《ものいみ》といって、特別な専属の巫女が置かれ、これは古い土地の豪族であった宇治土公《うじどこ》と同族の磯部氏から出していたということも、注目すべきことである。

大神宮の祭式の中で、もし男神的な痕跡が残っているとすれば、それは心御柱《しんのみはしら》に関連する神事くらいのものであろう。

心御柱は、神宮では忌柱《いみばしら》とも天御柱《あめのみはしら》とも天御量柱《あめのみはかりのはしら》ともいい、内外宮の正殿《しょうでん》の床下の中央に半ば埋められた神秘な小柱である。これは中世の『心御柱記《しんのみはしらき》』とか『弘安二年内宮仮殿遷宮記』などの諸書によると、地上に三尺三寸（約一〇〇センチメートル）出、地中に二尺（約六〇・六センチメートル）あまり埋められたもので、柱とは言いながら床上には出ていない木の棒である。『御鎮座本紀』や『元元集』などによると、五色の絁《きぬ》をもってこれに巻きつけ、八葉榊《やつばのさかき》でこれを飾り立てているといい、『貞和御餝記《じょうわおかざりき》』などによると、これの周りに、天平瓮《あめのひらか》という土器を、八百枚も積み重ねて置いているという。

この柱は遷宮祭に先立って、御杣山《みそまやま》に行き、山の神や木の神を祭る山口祭や木本祭を行なった上で、木から忌柱《いみばしら》を切り出し、また正殿の宮柱を立てるにさきがけて、この忌柱を立てる心御柱祭《しんのみはしらさい》が禰宜《ねぎ》や大物忌《おおものいみ》らによって行なわれ、天平瓮もこの時、供えられたのである。

この柱は、神宮では重要な秘儀の対象であり、三節祭の祭りの中心は、この柱に対して大物忌らの童女が、夜半に炬火《きょか》を挙して供饌《きょうせん》を行なう、いわゆる由貴大御饌《ゆきのおおみけ》の儀であったことは、『皇太神宮年中行事』などにも明らかである。

この忌柱が、神宮のかつての古い神体であったことは、諸学者も推定しているところである。土器は、『釈日本紀』や『造伊勢二所太神宮宝基本記《ぞういせにしょだいじんぐうほうきほんぎ》』などには、神々が参集する神座であるとされている。中央の大神に対して、八百万《やおよろず》の神々が服属・奉仕する形なのかもしれない。「神武紀」などにも、八十平瓮《やそひらか》を厳瓮《いつべ》（神聖な土器）として、天地の神々を祭ったことが記されている。

『御鎮座本紀』や『元元集』などに、この心御柱を、単に内宮の建物の中心だというばかりでなく、これをもって天柱《あめのみはしら》国柱《くにのみはしら》と呼び、神霊が天地を昇降する「宇宙の軸」であると考え、またイザナギ・イザナミが国生みに用いた天瓊矛《あめのぬぼこ》と同一視し、「陰陽変通の本基、諸神化生の心台」、つまり「天地の中央にあって、神々や万物が生まれ出る根源」を象徴したものと見なしている。

エリアーデの研究によると、宇宙の中心はもっとも聖なる部分である。宇宙の創造も、この聖なる中心で行なわれ、また天上、地上、地下の三界の接合点である中軸（宇宙軸）で行なわれたとされた。古代の神殿や聖所などは、往々にしてそうした宇宙軸としての柱とか岩とかを持ち、世界の中心であると考えられていた。ここで原古に神の創造が行なわれたと信じられ、また天上や地下の世界に交通する橋、梯子、柱などがあった。神殿や寺院、さらに祭りの広場でさえ、一時的にここが世界の中心であるとされ、宇宙軸を象徴する柱・樹木・橋・梯子・階段などを設け、天地昇降の儀礼的行為の具とするようなことが行なわれる。

ギリシアのオムファロス、ローマのムンドス、エジプトのオベリスクなどは、みな天地の中軸・大地の臍《へそ》と呼ばれ、万物の創造の場であると信じられ、供犠の対象となった。いずれも世界の中央部といわれた穴に石柱を立てるのである。この原義は、母性としての大地の中央に、男神の象徴としての聖柱を立て、陰陽合精による、万物の育成である。

ギリシアの「大地の臍」オムファロスに、アポロン神の象徴「アギエウス円柱」が立てられて崇拝・祭祀されたことは、やはりそうした生成呪術——原初的には豊饒呪術であろうが——に基づいている。

こうした中心のシンボリズムは日本古代にも行なわれたらしい。前にも述べたように、国生み神話のオノゴロ島は、『日本書紀』の一書によれば「国の中の柱」すなわち宇宙の中心柱であり、二神の創造の場でもあり、聖婚の場でもあった。またこの島は母神イザナミの「胞《えな》」として、大八洲《おおやしま》を生み出した母胎の象徴ともされていたらしい。二尊のまわった天御柱が、一面に生成の神の男性の象徴であることは、谷川士清、平田篤胤、鈴木重胤などの国学者も認めている。

おそらく、太陽の男神であったプレ・アマテラスの聖なる柱であったこの忌柱に対して、大物忌《おおものいみ》らの奉仕は、古くはイザナギ・イザナミの結婚のような聖婚を含むものであったのであろう。この奉仕が、斎王《さいおう》や祭主、神宮司のような都から派遣された司祭ではなく、また禰《ね》宜《ぎ》や大内人のような男性神職ではなく、土豪の童女である大物忌らによって行なわれたことは、注意すべきであろう。これはこの祭りの古い形を表わしているのである。斎王や大神宮《だいじんぐう》司《し》、禰宜などの神前奉仕は、翌日の昼間であり、それはみな庭前で行なわれる。女孺《めのわらわ》らの舞や官人らの倭舞《やまとまい》などもそうである。これらはみな祭りの本質部分ではなく、いわば都からもたらされた副次的なものに過ぎなかろう。神宮の祭りはどう見ても二重構成を持っているのである。

6　伊勢の太陽信仰とアマテラス

おそらく古い時代には、このアマテラス、いな、プレ・アマテラスは、伊勢の漁民である磯部たちの奉じる男性太陽神であり、これに対して土地の斎女《さいじょ》が選ばれて、その収穫祭である神嘗などにその稲の初穂を供え、また海女たちの採った魚介を供え、また聖婚なども行なって、奉仕したのであろう。

そこへある時代に、大和朝廷でこれに注目し、これを皇祖神と同一視し、斎宮を派遣し、また中臣や忌部などの宮廷司祭氏族に命じてこれに奉仕せしめ、またその聖なる象徴の上に、さらに殿舎を架し、その上に宝物類を置いたのではなかろうか。その中の神宝の鏡が、とくにその光体としての特性のゆえに重んじられ、やがてその太陽神と同一視されるに至ったのではあるまいか。しかし、後世まで、この神体であったはずの神鏡には、供饌が行なわれることは、ついになかったのである。

伊勢には、古く太陽信仰が行なわれていたことは、前にも述べたことがある。天《あめ》の八衢《やちまた》にいて、「上は高天原を照らし、下は葦原中国《あしはらのなかつくに》を輝《て》らす神」であり、鼻が長大で面貌がホオズキのように赤く、眼が八咫鏡《やたのかがみ》のようだったという猨田《さるだ》彦《ひこ》大神が、伊勢・志摩地方で漁民の奉じていた原始的な太陽神だったらしいこと、またこの神の相手役であった天宇受売命《あめのうずめのみこと》が、この神の前でホトを露《あら》わにして出迎えたという話は、この太陽神に対して、神妻として奉仕する猨女君の巫女の秘儀的な姿の投影であったらしいこと、およびこの裸身顕示の性的儀礼を、宮廷化したアマテラスに用いたのが鎮魂祭のツキウケの呪術の原義であったらしいことなどは、前にも述べたとおりである。神宮でも、大内人であった土豪宇治土公《うじどこ》氏は、猨田彦の裔の大田命の流だと主張しており、また『倭姫命世記』その他の神道五部書には、内宮の殿地の地主神興玉神《おきたまのかみ》と同一神だとされている。

直木孝次郎氏などは、神宮に古くから設けられていた、風雨の平安を祈る日祈内人《ひのみのうちうど》の職掌などの存在から、それがもともと自然神格としての太陽神の社であった痕跡がうかがわれると説いている（『日本古代の氏族と天皇』）が、もっともなことである。しかし、もちろんこれだけではない。三節祭の神事に、男女の童が鶏の所作をまねたという鳥子名舞《とこなまい》（鳥名子舞ともいい、ヒヨヒヨ舞ともいう）が演じられたり、遷宮祭の時、神体を古殿から新殿に移すとき、玉串《たまぐし》御門と瑞垣《みずがき》御門の前で、御巫内人《みかんなぎのうちうど》が三度鶏鳴をまねたりして、鶏にとかく関連している。これも神話の常世長鳴鳥《とこよのながなきどり》と結びつけられるばかりでなく、鶏と旭日との密接な関係をよく表わしている。内宮の心御柱《しんのみはしら》祭とか御船代《みふなしろ》を造る祭りなどに、必ず鶏卵と鶏が供えられるのも、上井久義・輝代両氏も述べているように（『日本民俗の源流』）、やはり太陽の神社であるからであろう。

伊勢神宮の別宮である伊雑宮《いぞうのみや》の田植祭には、柱に長い一本の青竹をしばりつけ、その上に太陽の象形を描いたサシバをつける。これを田植えに先立って田の方に向けてあおぐ仕草をするという。筑紫申真氏は、これを太陽の神に田の中に降臨してもらうための呪術であろうという（『アマテラスの誕生』）。面白い考えである。

『伊勢国風土記』逸文に見える風神伊勢津彦《いせつひこ》でさえ、そうした色彩が見える。伊勢の土着神で度会氏の祖先天日別命《あめのひわけのみこと》に攻められ、国を天孫に献上し、夜半に大風をおこし、「日のごとく光り輝《て》き」、東海に去ったという神である。この光り輝きながら海上を渡る神は、前に述べた火明命の海上わたりと同様、一種の太陽霊格としての色彩がある。この伊勢津彦の崇拝は、各地にあったらしく、『播磨国風土記』に見える播磨揖保《いいぼ》郡にも、伊勢都比古《いせつひこ》・伊勢都《いせつ》比売《ひめ》の名が見える。ここには伊勢野とか伊勢川とかの地名もあった。前に述べた播磨の揖保《いいぼに》坐《ます》天照神社は、この地にあったらしい。してみると、イセツヒコでさえ、アマテル神と呼ばれていたことになる。

『日本書紀』の「雄略紀」に、物部菟代宿禰《もののべうしろのすくね》、物部目連《もののべめのむらじ》らが遣わされて、伊勢の朝日郎《あさひのいらつこ》という者を伐ち、これを殺している。これも歴史的人物というよりは、地方的太陽神格なのであろう。

この伊勢の太陽神に大和朝廷が注目し、これに斎王をおくったり、中央系の官人を派遣したり、神鏡を置き、御樋代《みひしろ》や御船代に納めて祭ったりした最初の時期はいつなのかは、はっきりとはわからない。

『日本書紀』の「敏達紀《びだつき》」に見える日祀部《ひまつりべ》の設置の記事は、この敏達帝の他田宮《おさだのみや》の宮号を冠する他田日奉《おさだのひまつりのあたえ》直などの存在が、『万葉集』や『続日本紀』に見えることから、これは史実と考えられるべきことは、岡田精司氏の説くとおりであろう。

しかし、この六世紀中葉の日祀部《ひまつりべ》（日奉部）は、皇祖神アマテラスの祭祀を行なったかどうかはわからない。その他田の日祀部の祭所の後裔と考えられる『延喜式』神名帳の大和の他田坐天照御魂《おさだにますあまてるみたま》神社は、火明命を祀っていて、天照大神ではない。してみれば、六世紀中葉ごろは、宮廷には天照御魂神といった程度の太陽神祭祀が行なわれていたとしても、まだ十分には皇祖神化してはいなかったのかもしれない。

前に述べたように、岡田氏はこの大神の御船代の形状が長持形石棺と同じ形であることから、天照大神の成立を古墳中期に置いたが、もしそうだとすれば、それは従来の神体であった心御柱とは別に、新しい神体として鏡が置かれた時期であるとしてよいかもしれない。

斎宮の派遣の正確な時代は、不明である。トヨスキイリヒメ、ヤマトヒメだのという伝説的な存在は別として、継体朝以後に代々斎王が立ち、伊勢に派遣されている。ヤマトヒメの遷幸伝説などは、斎宮制度の固定した七世紀以降の産物であり、その由来話であろう。大神の御杖代《みつえしろ》として斎宮が奉仕したことにより、その巫女的イメージが神の内性に投影し、そのために新嘗屋にこもり、祭りをし、斎服殿《いみはたどの》で神衣を織る女神という、アマテラスの性格ができあがったのであろう。

もっとも、その「神衣を織る斎女」としてのイメージは、皇女としての身分にはふさわしくない。神宮の神衣祭に、斎宮自身が自ら機織るということは考えられない。これは、素朴な時代の大物忌が行なっていたことかもしれない。いずれにしても、その女神化は長い年月を要したのであって、ある特定の時代の女帝などの印象から急にそうした形を、神話作者が作り出すというようなものではないのである。

この神の皇祖神化の過程についても同様である。私は、『日本書紀』の「神功紀」の託宣の記事などから考えて、最初、五世紀初めの難波朝ごろ、大陸系の日の御子信仰の宮廷流入とともに、宮廷と日神の聖所伊勢との交渉が始まったと思っている。ついで、上田正昭氏も示唆しているように、五世紀半ばの雄略朝ごろには、斎宮のワカタラシヒメの話や、三重《みえ》の采女《うねめ》の話、伊勢の衣縫《きぬぬい》や朝日郎《あさひのいらつこ》のことなど、伊勢と朝廷との交渉を示す話が多いので、このころ、いっそうの結びつきが行なわれたのであろう（『大和朝廷』）。さらに六世紀中葉の日祀部《ひまつりべ》の設置や、そのころの斎宮制の確立によって、しだいにこの神は、皇室の単なる守護神的な氏神から、血縁的な祖先神にまで高められていったのであろう。最後的には、直木氏の説くように、壬申の乱の冥助なども、この皇祖神化の促進に大いに役立ったであろうことも認めてよかろう。

第五章　日本神話を歴史とするために

1　日本神話は神話か

日本神話といえば、ふつう『古事記』『日本書紀』『風土記』『古語拾遺』『延喜式祝詞』『万葉集』などの上代古典に見える神々の物語を指すのであるが、これがはたして真の意味の「神話」であるかどうかについては、従来賛否いろいろな論議があったのである。

「神話」とは、ギリシア語のmythosから出た英語のmythやドイツ語のMythe, Mythusなどの訳語である。ギリシア語の原義は「言葉」を意味したが、後には神々の活躍する神聖な物語を意味するようになった。現在では、この語は、一般に世界のあらゆる民族の類似の神聖な伝承的説話を指している。

記紀の神代の物語が、天地の開闢《かいびゃく》に始まり、国土の創造とか日月の起源とか人間の生死の由来とかを語る、「原古の神々の物語」であることは、誰しも異論のないところであるから、これを常識的には「神話」と呼んでさしつかえないわけではあるが、神話の厳密な定義づけを行なう学者としては、これら日本の神々の物語に対して、「神話」と呼ぶことに疑問を抱く人も少なくないのである。

マリノウスキー、エリアーデ、ファン・デル・レーウなどの人類学者・宗教学者の一般的定義を要約すると、「神話」とは、超自然的な霊格が中心となり、その原古における聖なる行為が語られ、その行為によって現在の存在や秩序が始まったと語られる。その内容は真実の出来事であると信じられ、すべて現在のありかたや秩序の絶対的な規範であるとされる。またその原初的な形式としては口承の物語であり、しばしば儀礼をともない、また儀礼の由来を説明し、その口誦は儀礼の不可欠な部分として行なわれることが多く、その呪術的効果を保証する、というような機能を持っていることが多いとされている。

こうした現実の社会に生きた呪術機能を持つ神話、すなわちファン・デル・レーウなどが「生きた神話」と呼んでいるものが、真正の神話であるとするならば、こうした口承時代の呪術的機能がほとんど失われ、文筆的・政治的潤色に富み、大和朝廷の国家政策の理念とされた記紀の神話が、真の意味の「神話」であるかどうかは、問題となるわけである。神話ではあるとしても、少なくとも半ば「死んだ神話」であるといえるであろう。

日本民俗学の側で、「語る者が言い伝えた内容を堅く信じ、神祭の日の如き改まった機会に、必らずこれを信じようとする人々の耳へ一定の形式を以て、厳粛に語り伝えたもの」(『民俗学辞典』)であるとするような定義は、ファン・デル・レーウなどのいう「生きた神話」と同じであるといえよう。

こうした「生きた神話」は、原始的な文化段階では、季節祭や成年式などにおいて、特別な司祭によって、秘密裡に、特定の資格者・聖別者のみに伝授されるのであるが、日本神話は、少なくとも、その体系ができあがったころは、すでにそうした機能は失われかけ、ある程度、公開の席上で、文筆上の潤色や整理・統合を受け、また特定の貴族の政治的圧力によって、いろいろな加筆や削定も行なわれたと考えられ、けっして秘儀的な伝授によったものではない。

『日本書紀』の天武十年（六八一）の条に、川島皇子、忍壁《おさかべ》皇子以下、忌部連首、阿曇《あずみ》連稲《いな》敷《しき》、難波連大形《おおかた》、中臣連大島、平群臣子首《へぐりのおみこおびと》らに命じて、帝紀および上古諸事を記し定めしめ、ことに大島、子首らが自ら筆を執って録したとある記事は、帝王の事績として帝紀を経とし、諸家の伝承を緯として一種の歴史編纂の会議が開かれたらしいことを示している。同書の持統五年（六九一）の条には、大三輪、雀部、石上以下十八氏に詔して、その祖先の纂《つぎ》記《ぶみ》を献上させたという記事が見えるように、各氏族の氏文、纂記、家記、本系帳などの伝承記録が、朝廷の歴史編纂の基礎史料となったらしいことが察せられる。それらには、後世の『古語拾遺』や『高橋氏文』などに見えるような、また『旧事本紀』の物部氏関係伝承のような、氏の先祖の神々や英雄の物語も、少なくなかったであろう。『日本書紀』の神代巻に見える、数多くの「一書に曰く」の記事はすなわちこれである。

記紀の編纂時代以前にも、『日本書紀』推古二十八年（六一九）の条に、「天皇記」、「国記」、「臣・連・伴造・国造・百八十部幷公民等本記」などが撰録されたことが記され、それはそのまま史実であったとは認められないにせよ、そのころからすでに種々な文献記録が宮廷および諸氏族内に伝わっていたらしいから、神話伝説の文筆的潤色は、少なくとも六世紀後半から七世紀初頭ごろまでに、すでにぼちぼちと行なわれかけていたことがわかる。

こうしてみれば、日本の古典神話が、単純に「神話」だとは断じ切れない面を持っていることは事実である。文献学的方法による、神代史の成立批判を行なった津田左右吉博士も、「神話」を定義づけて、「宗教的意義における神の物語」であって、「民族生活、宗教的信仰、及び儀礼などから自然に発生した種々の説話」であると定義し、政治的作為の産物である日本の神代史は、これとは本質的に異なったものであるという（津田左右吉『日本古典の研究』上巻）。氏によれば、記紀の神代史は、皇室の政治的権威の淵源・由来を説こうとして、大和朝廷の少数貴族が、六世紀中葉ごろに、作成したものと考えたからである。

津田博士も、いっさいの神代の物語を、ことごとく政治的産物と見なしたのではなく、その骨子としての神代史の結構、言いかえれば、全体の構成がそうであるというのであって、個々の説話の中に、民間発生のものを認めなかったわけではない。カグツチとハニヤマヒメとの間に、ワクムスビが生まれ、この神の肢体に蚕や桑や五穀が生じたという話を、農耕呪術としての火祭りによって説明をしたり、異形のサルダヒコが天孫降臨の時、天の八衢《やちまた》に出迎えたという神話を、「異郷に入る時にこういう神が道のちまたにでるというようなことは、民間説話として存在したものであろう」（『日本古典の研究』上巻）と述べたりして民間起源の素材も多いことを認めている。

しかし、氏は日本神話のパンテオンの神々である、イザナギ・イザナミも、スサノヲ、オホナムチ、果ては皇祖神アマテラスまでも、みな大和朝廷の貴族たちの手で、机上で作成した架空の神名であり、民間で崇拝・祭祀していた神ではないと説いたのである。

これは、いささか合理主義的に、古代人の心理・思惟を、割り切りすぎたきらいがある。最近の古代史や民俗学などの側からの諸研究では、これらの神々は、元来、皇室とは無関係な地方的霊格であり、これらが皇室の神統譜に組み入れられていったのは、六、七世紀以後のことであって、したがってその神話にも、その原素材《もとのそざい》として、ローカルな風土伝承があり、これが中央的に統合・潤色されたものが多いということが、証明されつつある。それにしても、これらの中央的統合は、政治的な理念に基づくことは確かである。

欧州の古典神話は、多く詩人・文人・哲学者などの筆によるもので、やはりこれも「生きた機能をやめた神話」ばかりであるが、しかし、歴史編纂の態度をもって政治的に整理・統合したものではない。

2　記紀神話の構造の特色

松村武雄博士は、記紀の神話群は、空間的に横に展開することなく、そのすべての説話が時間的に縦に流動し、物語が世代から世代へと、順序を追うて相繋がり、ついに人代巻に及んでいることや、その主役が神とは言いながらも人間的首長の特色を持ち、皇室の系譜に連なることなどを、特色とすることに注目し、これが日本神話の独自的性格であると述べている（『日本神話の研究』第一巻）。これはまさに適切な指摘である。

たとえば、イザナギ・イザナミの国生みとそれに続く黄泉国《よみのくに》行きの神話があって、次にその黄泉の汚れを祓うため、イザナギの阿波岐原《あわぎはら》の禊祓《みそぎはらえ》の物語がある。またその結果、日・月・スサノヲの三貴子が生まれる話があり、またその話が、次のアマテラスとスサノヲのウケヒの話を引き出している。ウケヒに勝ってスサノヲが乱暴をすることにより、天石窟戸の事件が導き出されるということになり、さらにこれが契機となって、スサノヲの出雲下りと八岐大蛇《やまたのおろち》神話が展開する。この大蛇の尾から出た草薙剣が、天照大神に献上され、それがまた伏線となって、この剣を含めた三種の神器を、皇孫ホノニニギが持って、日向の高千穂峯に天降るという、天孫降臨の神話が展開する。このように、一つの説話がそれだけに終わってしまわないで、それが原因となり、動機となって、他の説話を引き出し、互いに原因・結果の関係となり、歴史的に人代の天皇の説話に連なっている。これはとくに『古事記』において顕著である。

これを、言いかえるなら、もしイザナギ・イザナミの国生みと神生みがなければ、イザナミは死ぬこともないわけであるから、イザナギの黄泉下りも必要ないことになる。また黄泉国の話があったればこそ、その汚れを除こうとする禊祓の神話の存在意義があり、またその禊祓が行なわれたからこそ、三貴子は誕生したわけである。してみると、これがもし行なわれなかったとすると、三貴子は生まれなかったということになる。

また三貴子が誕生し、その分治の話がなければ、ウケヒの話もなく、したがって天石窟隠れも行なわれないわけであるから、次に続くスサノヲの出雲下りも、八岐大蛇退治もないことになる。大蛇退治がなければ、草薙剣も出てこないことになる。そうであれば、これを持っての天孫降臨も行なわれないことになる。

イザナギ・イザナミの国生み神話は、もともと淡路島付近の海人の風土的な創造神話、天石窟戸神話は、もと伊勢地方の海人らの太陽神話、スサノヲの八岐大蛇神話は、出雲の風土伝承、天孫降臨は宮廷の大嘗祭の縁起譚、というように、記紀の各説話はめいめい異なった出自・原素材を持っている。それらの原素材は、それだけで完結していて、互いに無関係であったに違いない。ところが、ある一時代にこれらの説話を操作し、これらを人為的に一定の構想をもって、結びつけ、大和朝廷の政治的権威の淵源・由来を語る国家神話の形とした少数の手が感じ取られるというのである（『日本神話の研究』第一巻）。この指摘は正しい。

これを逆に説話の配列の新旧・順序という面で考えてみる。まず最初に、大和朝廷の権威および皇位の絶対的神聖性を象徴する王権祭式である大嘗祭の由来譚として、天孫降臨譚及び神武東征の物語が生まれると、さらにその日の御子の出自を神秘化するため、伊勢の自然神話にすぎなかった天石窟戸神話が、その原因として持ってこられる。この石窟隠れの原因として、スサノヲの天上荒らしの話やウケヒの話が語られる。さらにこの原因として、三貴子の出生及び分治の物語が語られ、さらにまたこの三貴子の両親として、イザナギとイザナミの神話が持ってこられる、というふうに、次々と説話が加上され、結びつけられていって、皇室神話の体系が成立したと考えられる。したがって、天孫降臨譚がまず中核となり、これに天石窟戸神話、三貴子の分治の神話、国生み神話などが、後でその原因として付加されていったことになろう。

ここで心得ておかねばならぬ点は、内藤湖南博士などの東洋学者の説かれた加上説である。すなわち、中国の古い時代の聖人は、後世に創作されたものであり、もっとも古いといわれるものが、歴史的伝承の冒頭の方に置かれるという見解である。すなわち、堯舜《ぎょうしゅん》伝説より黄帝《こうてい》や伏羲《ふくぎ》・女媧《じょか》の伝説の方が、歴史の上弦に置かれているが、実際はまさに逆であり、堯・舜は春秋時代から一般に知られていたが、黄帝や伏羲は、戦国時代以後の産物であった。

ただしこうした加上説は、個々の説話自体の発生の古い新しいを問題にしているのではなく、あくまである歴史体系の中に、個々の説話が組み入れられていくにあたっての、新旧の順序について論じられているのだということは知らなければならない。

神話を帝王の歴史に塗りかえた中国の儒教的合理主義による伝承、祭式の由来譚としての神話を族長や預言者の編年的な歴史物語としたヘブライの伝承のように、「歴史体系化された神話群」について、こうした原理は適用できるのである。

ある既成の権威に対する説明として、神話的な由来話ができると、またこの話の中の、あるモチーフに対して、さらにその原因としての由来話が生まれ、次々と派生的に溯源的《さくげんてき》な由来話が生まれて、その説話圏は拡大していくわけであるが、これを歴史的に配列しようとすると、結局一番後にできた説話を、最古のできごととして、冒頭に置くことになる。史実とはもちろん無関係である。

この場合に、次々と加上されていく由来話は、まったく新しく創作される場合もなきにしもあらずであるが、古くから伝わっている民譚が、素材として持ってこられる場合が多い。

一般に、説話自体の発生の古さ新しさと、その説話がある神話体系に組み入れられた時期の古さ新しさとは、別なカテゴリーであることを知らねばならない。加上説は、この後者の側の法則なのである。記紀の神話でも、歴史体系化した神話であるから、やはりこうした加上の法則が適用可能なのである。その立場から見ると、天孫降臨神話より、天石窟戸神話や、国生み神話の方が、歴史の上弦に置かれてはいるが、記紀神話体系への組み入れの時期は、逆に新しいと考えられるのである。

しかし、いずれにしても、そうした説話の系列的・因果的・時間的な配列と、全体を貫く日の御子による国家統治という基礎理念とは、貴族の政治的配慮に基づくということは、まぎれもない事実である。記紀神話ばかりでなく、『風土記』や『古語拾遺』『延喜式祝詞《のりと》』などの、他の古典においても、程度の差こそあれ、その政治的性格という点については、同様である。『風土記』は、中央の命を受け、地方の官府で、撰進したものであるし、また『古語拾遺』なども、宮廷貴族の斎部氏の宮廷奉仕の本縁を述べたものである。『延喜式祝詞』は宮廷の祭りおよびこれに密接に結びついた古社の祭りの禱詞である。いずれも政治的理念が濃く表われているとしても、不思議はない。

3　神話的思惟と政治性

しかし、ここで津田左右吉氏などの言う、政治的動機によって作られたのだから、神話ではないという説は、もう一度考え直してみる必要はある。

松村博士の説くところによると、これが神話であるかどうかを決定する基準は、その「動機」ではなく、それを作り出した者の心意が、古代人的な「神話的思考」に基づいているかどうかである。神話の中には、経済・交易の成就を保証する、トロブリアンド諸島の交易組織クラなどの神話もある。生産や漁撈、狩猟の成功を保証する神話もある。それが作られた動機として、なんらかの現実的・功利的な目的が含まれていない神話は、むしろ少ないといってよい。動機が現実的・功利的な目的を持っていても、その根底に「神話的思考」が働いている場合は、神話とよんでさしつかえない。「神話的思考」の存在こそ、神話の成立には、絶対に必須な条件である。

要は動機が経済行為であろうと、政治的意図であろうと、またこれを作った者が貴族であろうと、農民であろうと、これを作り出した者が「神話的思考」の持主であり、これを作り出したばかりでなく、これを自らも信じるという条件にさえかなえば、これを神話と見なすにはなんのさしつかえもない。日本の神話も、政治的動機によって、特定の少数貴族が作ったとしても、やはり「神話的思考」の産物であるから、立派な「神話」であると見なすことができるという。この考えかたは正しい。

インドネシアやポリネシアなどにも、昔、「日の御子」が天降ってきて、集落や島人の首長の家の祖先となったという伝承が広く分布しているし、また古代エジプトやインカ帝国の「日の御子」の伝承、高句麗、新羅、伽羅等の古代朝鮮半島の王朝始祖神話なども、同様な王家の祖先の「日の御子」を語っている。これらに政治的動機を認めないわけにはいかない。また未開民族の神話といえども、こうした神話を作り出すのは、やはり彼らの支配者階級であり、特定の個人であることが多く、大多数の庶民ではないのである。

ラグラン卿は、アレキサンダー大王のような史実の人物の神話・伝説化の過程に、当事者側の意図的宣伝という動機を指摘したが、東洋でも、漢の高祖、北魏の太祖、清の愛新覚羅《あいしんかくら》氏のような帝王の出生にまつわる超自然的感精譚、秀吉、日蓮などの母の感精譚などには、そうした動機が顕著に認められることは事実である。しかし、私は、王家、豪族、司祭家などの古い先祖伝承に、そのような超自然的感精譚や神婚説話があった場合も、おそらくもともと当の家自体で、その家系の高貴性を誇るため、意図的に唱え出したのであろうと考えている。

しかし、ここで知っておかねばならないことは、もしその当事者が、ある政治的・功利的な目的・動機をもって、その祖先の超自然的な物語を唱えたとしても、その素材としては、かならず当時、民間などに流布されていた神婚説話や処女受胎譚などのタイプを採用したりする傾向があるということである。アレキサンダー大王や豊太閤などの例を見るがよい。当時の民衆にとっては、英雄は超自然的な出自を持つのが当然だと信じられたのである。

記紀神話の場合でも、皇室・国家の権威の絶対性を保証し、皇統の永遠の繁栄を宣揚しようとして、こうした政治的理念に基づく国家神話の体系を組み立てた大和朝廷の少数貴族は、たとえその動機は現実的・政治的な目的にあったとしても、その素材としては、当時の民間信仰や民譚などを用いることも多かったのである。蛇女房型、メルシナ型と同型の豊玉姫の産屋の神話が、皇室の祖先の一人の出自として語られているのも、その例である。当時としては真実のこととして信じられたのである。

古代人は、神々の物語としての神話は、「真実のもの」であるとして信じていたし、またこれが彼らの生活・行為の規範であるとも考えていた。したがって、戦争、領土争い、裁判などにおいて、ことあるごとに神話が引き合いに出され、その故実に照らして、判定がなされた。日本でも、大同元年（八〇六）、中臣氏と斎部氏の勢力争いに、朝廷の判決の拠りどころが、『日本書紀』の神代巻であったことや、高橋氏と安曇氏とが、奉膳の順序を争った時、裁決の資料として『日本書紀』の六雁《むつかり》の神話が用いられたことなど、これを示している。未開民族の間で、神話が原古に行なわれた真実の出来事であると信じられ、彼らの生活の規範であり、信条であると信じられていることは、マリノウスキーなどの著述にも記されている。

もちろん、これは、神話が実際の歴史的事実であったということを意味しない。神話は「歴史的事実」ではなくして、「信仰的事実」として、古代社会や未開社会に、機能を働かせたのである。これは、「半ば死にかけた神話」であるはずの、文筆的な潤色や政治的動機を含んだ古典神話にも、当てはまることである。

このような「神話の真実性」に対する信仰は、単にこれを聴く民衆側ばかりでない。これを生み出した為政者側でも、同様に有していた。ある王朝や豪族の出自を物語る、英雄の超自然的出生譚などは、当の英雄やその子孫の貴族たち自身が自らも信じていたらしいふしぶしがある。つまり彼ら自らも「神話的思惟」の持主なのであった。

アレキサンダー大王やダリウス大王などが、自らを神格化し、神話上の英雄と同一視したことは知られている。ダリウスなどは、おのれを、三つ頭の悪竜を退治した神話的英雄トレトナに擬していた。王侯自身、祭式を通じて、原古の神話的な「祖形」と融合することが多く、それによっておのれを、神代の存在であり、その再来でもあることを、しばしば信じこんでいた。また側近者たちも、自分の仕える主君が、そうした超自然的英雄であり、神の裔であり、化身であることを、願望していたのである。

こうした王侯の神格化・神話化の促進に拍車をかけたのは、側近の侍臣、宮廷伶人、司祭などが、王侯の威儀・功業をその御前で歌いあげる「頌辞 panegyrics」や、殯宮や墓前でその業績を歌いあげる「哭辞 lament」などである。万葉歌人の従駕の歌や殯宮挽歌に、「高光る日の御子」の超自然的な天降りという表現で、現実の天皇や皇子たちのふるまいを讃えている。これらの根底にも、政治的動機が働いていることは確かであるが、また一面に、神話的思惟・宗教意識の枠に従って、彼らはこれを表現しているのである。W・P・カーやC・M・バウラや、ヤン・ド・フリースなどは、これから英雄の語り物が発達したことを論じようとした。

日本の天皇も、『宣命』に「現御神止大八島国所知天皇大命」という天皇の名告りには、天皇自ら神の化身だとする意識がある。万葉歌人たちの、「おほきみは　神にしませば　天雲の　五百重が下に　隠《こも》りたまひぬ」（置始東人）とか、「皇《おおきみ》は　神にしませば　天雲の　雷《いかずち》の上に　いほりするかも」（柿本人麻呂）とか、「……葦原の　瑞穂の国を　天地の依り合ひの極《きわみ》　知ろしめす　神の命と　天雲の　八重かき別けて　神下し坐《いま》せまつりし　高照らす日の御子は……」（人麻呂、日並皇子尊の殯宮の時）とかの歌では、みな天皇や皇子たちのふるまいを、神そのものの降臨と同一視しているのである。

4　神話の統合方式

松村博士は、記紀神話が、⑴朝廷を中心とする少数貴族の想案、⑵国々や氏々の伝承、語部の伝承、呪詞、民間説話などの、二大支柱からできており、⑴が中核となり、骨組となって、⑵がまとめられ、中央的に整理・統合・潤色されていったものと考え、⑵が神話であることは当然ながら、⑴の場合でも、やはり古代人特有な神話的思考の産物であるゆえに、これもやはり「神話」であるとしている。そうしてみると、「神話」の定義・範囲は、前述の宗教学者・人類学者などの「生きた神話」のそれよりは、もっと拡がるわけである。私も、この松村氏の考えに対しては、基本的に賛成したい。

ギリシア語のミュトスという語自体が、すでに、原始的な「生きた神話」ばかりでなく、詩人・文人・哲学者などの筆録した、「死んだ神話」も含まれていたのである。むしろヤン・ファンジナなどが定義づけているような「世界・文化・社会などの起源を、宗教的な由来話として語った物語」であるとするか、またはスティス・トムソンなどが述べているような、「神々および彼らの行為を取り扱い、また宇宙、大地などの創造とかその一般的性質に関する物語」であるとするか、または筆者がかねがね考えているような、「宇宙・自然・人生・社会・文物などの諸事象の起源・由来を、真面目に信じる立場で、超自然的存在の行為に帰した伝承的物語」であるとするのが、神話一般に対する定義としては、もっとも適切・包括的であろう。これなら文筆記録化し、政治的潤色や加筆の多い日本古典神話も、当然この中に含まれるはずである。しかし、ここで考えてみなければならないことは、記紀神話の政治的潤色・加筆・整理・統合は、まったく文筆的な操作一辺倒によるものかどうかということ、またそうした神話の宮廷的統合が、祭祀儀礼をともなうものがなかったかどうかということ、またその二つの場合にも、「神話的思惟」に支配されている度合は、まったく変わりはないものかどうかということ等々である。

氏族神話や地方神話は、一般に文献を重視する史学者側では、最初の口誦的な段階から一足飛びに、これを整理・統合した文筆記録が出現したような説きかたをしている傾向が強い。確かにそのような統合を行なったと思われる物語もあることは事実である。『古事記』の出雲の国譲り神話などの成立には、そうした中央の文筆的操作がかなり強く働いたらしいことは、前著『日本神話の形成』でも、論じたところである。しかし、神話の国家的・宮廷的統合については、文筆的作業以外に、祭祀儀礼的な統合という面も存在することを知らなければならない。

古代では政治はマツリゴトと呼ばれ、祭政一致の体制であったから、神話の宮廷的統合ということは、他面にこれと並行して、宮廷の祭式が、諸氏族の儀礼や芸能をも統合して服属儀礼としたという儀礼的な統合をも考慮しなければならない。

武田祐吉博士は、記紀の神代の物語の展開を、宮廷の年中行事の祭式から生まれたものであるとし、イザナミの死が鎮火祭、黄泉国下りが道饗祭、天石窟戸が鎮魂祭、スサノヲの暴行が大祓、天孫降臨が大嘗祭というふうに、四季の祭りの配列と神話の展開とは並行していると述べていられる（『古事記説話群の研究』）。また西郷信綱氏も、記紀神話の中核としての天孫降臨および神武の東征の二説話が、多くの豪族の服属由来譚を含んでいることを、古代の王権祭式としての大嘗祭の縁起譚という面からながめ、語部の古詞奏上、国栖舞《くずまい》、隼人舞、久米舞などの奏上、中臣の天神寿詞《あまつかみのよごと》の奏上、忌部の神璽《しんじ》奉呈などの数多くの服属儀礼を通して、天皇は己が神聖性を更新させ、あわせて国土と人民の支配権の強化と更新を図ったのであると説かれている。この神話的表現が、すなわち天孫降臨と神武東征なのである（『古事記研究』）。

しかし、日本の神話における皇室中心のパンテオンの形成や宮廷神話体系の発達が、常にそうした宮廷祭祀儀礼の形成と並行し、相応じていたかどうかについては、もっと検討を要する。記紀神話体系の中には、八岐大蛇神話や天若日子神話などのように、宮廷の祭式とは無関係な説話も数多く挿入されている。

また、もし記紀神話の特徴である、前述の説話同士の相互の因果関係、縦の時間的結合関係までが、まったく武田博士などの説くように、宮廷の祭政一致体制の神話的表現であるとすれば、当然そうした神話の展開の筋書どおりに、宮廷の年間の祭式が行なわれていなければならぬはずであるが、事実はかなり食い違っていたのである。

三品彰英博士は、日本神話の歴史的形成過程を、次の三段階に分類した。すなわち、I初期神話の時代。弥生式以前の低次文化の段階。II儀礼神話の時代。古墳時代、とくにその前・中期、瑞穂の国の祭政儀礼の発達した時期。III政治神話の時代。神話に政治的な内容・潤色が加えられた時期。欽明・推古のころ（六世紀後半）から記紀編纂時代まで、となる。

Iの場合は、呪術宗教的な神話が多く、もちろん国家性や政治性はない。IIは大和朝廷を中心とする中央集権が行なわれ始めたころで、地方豪族の服属儀礼が行なわれたころである。したがってこれにはある程度の政治色が表われる。同時に、大和の大王の祭司王的機能が高まっていた時期であるから、宗教色も濃いと思われる。IIIはかなり宗教性は失われ、政治色が強い時代であるという（『建国神話の諸問題』）。

ここで私見を述べさせてもらうと、地方神話や氏族伝承を、宮廷の神話体系のなかに、統合していく過程には三つの場合があったと考えられる。すなわち、(1)儀礼的統合、(2)口承的統合、(3)文筆的統合、の三者である。

(1)は、各豪族が宮廷の王権的な祭式、たとえば即位式や大嘗・新嘗祭、朝賀式などにおいて、自家の伝来した民俗芸能や神事儀礼などを貢上もしくは演奏し、その内容を大土への服属儀礼に変容せしめるとともに、その縁起譚を自家の祖先の一人が、かつてこうした行為により天皇に奉仕したという一種の服属説話の形に変えていく場合である。南九州の隼人がその伝承した民俗芸能である隼人舞を天覧に供し、その芸能の由来話として古くから自家に伝わっていた南洋系の釣針交換型兄弟譚を変容して、皇室神話の体系の中に組み入れてもらい、隼人の祖先のホヲリを、皇室の祖先のヒコホホデミの兄であると語ったことなどは、その例である。

次に(2)は、儀礼を離れた口頭だけの説話伝承が、語部や後宮などを通じて宮廷に入りこみ、そのパンテオンの中に位置づけられる場合である。イザナギの禊《みそぎ》の時の三貴子のミアレ、および分治の物語などはそうであろう。矛によるオノゴロ島造りや、天御柱をめぐる二神の婚姻、国生みなども、その原素材としての淡路の風土伝承には、かつては儀礼を伴っていたらしい特色がはっきりとうかがわれるが、それらが宮廷に流入し、皇祖神の出自伝承として語られるに至ったのは、原儀礼を離れて口頭伝承だけの物語となったものが、宮廷神話の中に入りこんだものらしい。もし祭祀儀礼に伴って、この話が宮廷に古くから入りこんだとしたら、当然、イザナギの祭祀が宮中に行なわれていなければならないはずである。事実は宮中にはこの神は祀られなかったし、この神に対する朝廷の態度は冷たかった。つまりイザナギは、後世、説話だけで皇室の系譜に結びつけられた、いわばよそ者であったのである。

(3)の場合は、『古事記』序文などにいう「削偽定実」であり、津田博士などが政治的作為となすものである。そうした文筆的潤色や加筆の跡は、記紀の本文にはさかんに出てくる。たとえば、『古事記』のイザナギが斬り殺した火神カグツチの血が岩石にほとばしり、幾多の神霊が出現する条で、イハサク・ネサク、ミカハヤビ・ヒハヤビ、クラオカミ・クラミツハなどといった対称的な、一対ずつの男女の自然神が次々と誕生する間に、突如タケミカツチノヲという、まるで名称も系統も違う、異質の神が前後の文との調和を破って出現するのである。この神だけは他の抽象的な名の神々とは違い、中臣氏という最大の有力な豪族の奉じる神だったことを思い浮べるなら、この神の出現の部分だけは、どう見ても加筆が行なわれたとしか考えようはない。

また前に述べたような記紀神話全体の構成が、縦に時間的・因果的に説話をならべ結合させているというような特色を持っていることなども、文筆的な整理・統合の産物であろう。

そうしてみると、政治性と信仰性の度合も、この三つの場合、すなわち(1)儀礼による統合、(2)口承による統合、(3)文筆による統合、において、みなまったく同じ程度であったかどうかは、検討を要する。当然、⑴はもっとも政治性は弱く、逆に信仰性、神話的思考の度合は強いであろう。⑵は政治性と信仰性は相半ばしていると思われる。⑶の場合は、実際に筆をとって、いろいろと加筆や潤色を行ない、糊と鋏で原資料をつなぎ合わせるという作業であるから、当然、信仰性の方が弱く、逆に政治性は強いはずである。

この三つの場合を、前述の三品博士の説く、日本神話の形成過程の三段階に当てはめてみるなら、Ⅰの初期神話の段階は、記紀神話以前のアニミスティックな思想の産物で、ウケモチやオホゲツヒメ殺戮《さつりく》や、『出雲国風土記』の国引神話や加賀窟《かがのいわや》の神話、『山城国風土記』逸文の賀茂の神婚譚などのような、風土伝承であり、宮廷的統合以前の原型であるが、Ⅱの儀礼神話の時代に、前述の儀礼的統合は多く行なわれたに違いない。もちろん儀礼的統合は、七、八世紀ごろまで続いたのであり、天武朝には最高に達したのであるが、その傾向は、Ⅱの時代からさかんに行なわれたのであろう。

Ⅲの政治神話の時代に、文筆的統合が行なわれたことは、もちろんである。口承的統合は、儀礼などを伴わない風土伝承を宮廷の体系に組み入れることもあるわけであるから、Ⅱの時代に主として行なわれたのであろう。もちろん、Ⅲの時代にも、こうした統合方式が、后妃や采女《うねめ》などによる出身地の風土伝承の持ちこみという形となって行なわれた痕跡も少なくないのである。いずれにせよ、こうした統合によって、氏族神や自然神は、たちまち宮廷・国家の英雄神とされたのである。

5　比較研究による神々の原像の復元

ところで、日本神話の神々、なかんずく記紀神話の中に登場する神々に、国家神・英雄神としての面が強く出ていることは従来指摘されているとおりであるが、こうした特徴は、中央の政治的理念や、それに基づく統合方式によって古い素朴な氏族神、地方神、自然神などが、変貌してできあがったと思われる要素が多いのである。

皇祖神の親神として日本国土を生み出し、万物の大宗とされたイザナギ・イザナミも、元来、淡路島の一地方神にすぎなかったことは、『日本書紀』の「履中紀」や「允恭紀」に、「島に居ます伊弉諾神」とか「島の神」とか呼ばれているに過ぎないことでもわかる。この神は祝《はふり》に託宣を授けて、鳥獣や魚介の豊凶を管理し、海人《あま》たちによる海産物の神供を享けていた。彼らの素朴な海洋色豊かな創造神話、その舞台は最初は淡路とか小豆島とか吉備とか淡島とか、その付近に限られていた、小規模な国生み神話が、やがて国家神話の中に採用されると、一躍、本州、四国、九州、壱岐、対馬、佐渡、隠岐など大八洲《おおやしま》の島嶼をことごとく生み出す、偉大な創造神格となった。

スサノヲなどは、原初的には紀伊の須佐地方の漁民に奉じられた、海から来訪する豊饒霊格マレビトであり、また出雲山間の須佐盆地の豊饒霊格であったものが、中央の政治理念・

国家政策により皇祖神の弟神とされ、また反面に、大和宮廷の神話的投影としての高天原パンテオンを荒らしまわる禍事《まがごと》の元凶とされるに至った。

オオナムチも、出雲の杵築地方で崇拝せられた大地の霊格であり、漁撈民や狩猟民の奉じる蕃殖神でもあり、また巫覡の徒の奉じる医療神ともなったが、記紀神話の中では、あまたの国つ神を率いて、天孫の支配以前の日本国土全体の統治者であり、国家的英雄神であるとされている。七、八世紀の国家政策による変貌である。

いな、皇祖神アマテラスでさえも、これが皇祖神と見なされる以前は、伊勢地方の漁民磯《いそ》部《べ》たちが奉じた素朴な太陽神であった。これが六、七世紀以後、斎王の派遣、中臣や忌部などの宮廷貴族による祭祀の管理・支配、数々の神宝献上や社殿の造営などの諸政策によって、徐々に国家神、皇室の祖神としての地位を獲得していったのである。

このように記紀の神々の多くは、もと国家や皇室に関係ない一地方霊格に過ぎなかった。記紀に記された国家的性格も、皮をめくれば、素朴な漁民や農民の守り神であった「原像」が露呈してくるのである。「原像」そのものは、民衆の心意の産物であるから、当然、民俗学や民族学の対象となる。記紀神話の神は、「原像」に、幾重にも宮廷や国家の衣裳を重ねて着た礼服の貴族なのである。

一般に、古典的な神話の中に含まれる種々な話根の、どの部分が古く、どの部分が新しいのかという新旧の判別の基準は、どこに置くべきかというと、それは限られた文献的な史料による徴証ばかりでなく、民俗学や民族学の比較資料の有無にも置くことができるのである。

一般に、朝廷をめぐる諸氏族の勢力争いや、対立関係を反映している政治的な神話は、新しい作物であり、農耕や狩猟などの呪術的信仰が表われているものや、民譚として後世にまで広く行なわれている説話は古い起源のものである。

八岐大蛇の神話の解明には、その根底になっている出雲地方の民俗の探究が必要となる。たとえば農作の神であり、土地の神でもある荒神の祭りで、大きな蛇の形の縄に多くの榊や御幣《ごへい》を挿して、これを神木に巻きつかせ、神饌や神酒を供えるというような行事や、田の神サンバイがイナヅルヒメを嫁とする、というような田植歌や、またその供饌役として、オナリ、ヒルマモチが美々しく飾って現われるというような行事と対照して、はじめてその農耕儀礼的な面を察知することができるのである。これは民俗学によって解釈が可能となる。

またこの神話は、神話学的な立場によれば、ペルセウス・アンドロメダ型の人身御供譚に属し、世界的な分布を示しており、朝鮮や中国などにも語られているから、その分布をたどり、それに基づく信仰文化の移動・伝播の跡を追究することもできる。これは民族学の方法とも関連し、大林太良氏や関敬吾氏なども、この立場から詳論していられる。

こうした話根そのものは、したがって古い起源のものであるが、この話の最後に、大蛇の尾から出た剣をスサノヲがアマテラスに献上し、それが王権の玉璽《レガリヤ》となったという物語があるのは、他の人身御供譚には見えないから、この部分は比較的新しく、出雲の服属（たぶん六世紀中葉）以後の付加部分であると考えられよう。

民俗学、民族学、神話学に、さらに考古学などを交融させた多角的な神話研究は、ハリソン、ニルスソン、ケレーニイなどのギリシア神話研究には見られ、また日本では松本信広氏などが、東南アジアなどの事例と比較されたり、三品彰英氏などが、朝鮮の事例と比較されたりして、大きな成果を挙げているが、学界全体としては、まだまだ低調である。

松本氏が挙げ、つぎに私が驥尾《きび》に付して究明した、「太陽の舟」の信仰文化なども、『播磨国風土記』における天照大神の舟に猪を献上したという説話、『住吉大社神代記』における船木連《ふなきのむらじ》の祖先の大田田命《おおたたのみこと》が、日神を船に載せたといい、またその後代の験《しるし》のために、ある墓の中に木船と石船とを納めたという説話などは、神話の中での「太陽の舟」の信仰の存在の徴証といえるであろうが、また考古学的には、福岡県の珍敷塚《めずらしづか》古墳の玄室に描かれた「太陽の舟」の壁画がある。この信仰文化は、東南アジアやオセアニア、さらに古くは古代エジプト、シュメール、クレタ、アイルランド、ブリタニア、スウェーデンなど、広大な地域の古墳や岩壁に彫られた類似の形の太陽の舟の画にも表われ、またそうした信仰観念の残存がある。これらは考古学や民族学によって徴証できるものである。

ここでいわゆる歴史民族学派というのがある。古くはグレープナー、シュミット、最近ではイェンゼンなどで、神話に含まれる話根やその母胎となる原始信仰の中に特定の文化特質を見出そうとし、それをある広がりを持った文化複合の移動や伝播、接触などによって説明しようとした。たとえば女が殺されてその体から各種のイモができるという、イェンゼンなどのいわゆる「ハイヌウェレ型」が、初期農耕の根茎栽培民文化に結びつけられるとか、「動物の主《ぬし》」の信仰、つまり動物がその本国では人間の姿をとっており、人間の世界を訪れる時、人間の眼には動物に見える、というような信仰及びそれに基づいた説話が、原始的な狩猟・漁撈民文化の世界像の産物であるとされるとかである。諸民族の世界像は、その生活基盤である食物獲得の手段やそれにかかわる道具や、それを中心とするいっさいの文化要素の複合体と密接に結びついていることは当然であり、神話はその表われであるから、こうした研究法は確かに一面に妥当である。

日本でも、岡正雄氏や大林太良氏によって日本的な展開をさせられ、日本神話の構成要素の解明に資することが少なくなかった。それによれば、矛によるオノゴロ島生成はポリネシアなどの島釣り型と同系、イザナギ・イザナミの天御柱めぐりによる婚姻とヒルコ生みは東南アジアの兄妹相婚型の洪水神話と同系、アマテラスの石窟戸隠れは東南アジアの日蝕神話と同系、天孫降臨は北方アジアの王朝始祖の山上降臨神話と同系、などというように分類・配当せられ、それらの担い手として、いくつかの異なった系統の種族がこの列島に存在しており、それらの接触・交融によって古代日本の文化層が形成されたのであり、日本神話の複合性はその表われであると説くのである（岡、その他三氏『日本民族の起源』。大林『日本神話の起源』)。

日本の民族が南北種々な系統の種族の複合したものであることは、多くの人類学者も認めるところであって、こうした方法は、神話の重層性・複合性の問題の解明に大きな光を投げた。

ただここで、いささか留意しなければならぬことがある。それは神話の複合性が、そのまま担い手としての種族の混淆《こんこう》ということに還元してしまえるものかどうかということである。

神話・説話の移動・伝播は、必ずしも常にその担い手としての種族や、その文化複合体の移動に伴って行なわれるものとは限らない。もちろんその神話の「原型《プロトタイプ》」が、ある一定の民族文化の所産であり、その特色が顕著に表われている場合もある。前述の「動物の主」の信仰などはそうである。松本信広氏や松村武雄氏が、この信仰の片鱗を「海幸・山幸神話」の中に見出したことは知られている(松本『日本神話の研究』、同『日本の神話』。松村『日本神話の研究』第三巻)。確かにこれは正しい。

しかし、もとはそうした文化的基盤から出ているとしても、この型の説話は、そうした母胎地以外の地、その文化的基盤以外の民族にも拡がっている。説話だけが単独に運搬されていくのである。

日本の海幸・山幸神話にもこの要素はあるが、その話の末尾に兄弟の田の争いが語られているのを見ても、半分「農耕文化」化されていることは明らかである。したがって、海幸・山幸神話の中からこの要素を抽出したとしても、そのまま日本古代の狩猟・漁撈文化を反映したことにならない。大林太良氏が、オホゲツヒメ殺戮の神話を、イェンゼンのいわゆる「ハイヌウェレ型」に属することは認めながらも、日本ではこれがイモ栽培文化と結びついたのではなく、粟の焼畑耕作文化と結びついて、中国南部から伝播したものであろうと推測したことは、示唆的である（大林太良『稲作の神話』昭和四十八年）。

日本の神話の中に含まれる北方系と南方系の要素も、これを一辺倒に、両種族の混融の結果の産物とは決めがたいものがある。たとえ天孫降臨が北方系、天石窟戸が南方系、タカミムスビが北方系、アマテラスが南方系であることが明らかにされたとしても、両者の結合は、北方系種族と南方系種族の接触・混淆の結果とは、必ずしもいえないであろう。両者の結合は、もっと複雑な歴史的・政治的事情によるものなのである。タカミムスビとアマテラスの二神併立、二元性の問題なども、両者の崇拝の歴史的起源を追求し、その交渉関係を調べ、大嘗祭、鎮魂祭などの宮廷祭式および伊勢神宮の古祭式を分析してみるなら、伊勢神宮の信仰と宮廷固有の信仰、言いかえれば伊勢関係の氏族と宮廷との歴史的・政治的交渉関係によって、この二神併立の神話が成立したものであることがわかるのである。

6　神話の歴史的再構成の方法

一般に民俗学や民族学による神話の分析は、岡田精司氏なども説かれるように、神話そのものというよりは「神話の素材」、神話のパターンの追求に過ぎない（岡田『古代王権の祭祀と神話』昭和四十五年）。

かりに、天石窟戸神話を南中国の苗《ミヤオ》族の太陽神話（山に隠れた太陽を鶏を鳴かせておびき出す）と比較して得られた結論は、「隠された太陽を誘い出す説話」の世界文化史的位置づけに過ぎないものであり、皇祖神アマテラスの祭祀の源流や成長、またその内性・機能の発達の過程の究明とは無関係である。八岐大蛇退治を、民間の人身御供譚や世界拡布の「ペルセウス・アンドロメダ型」説話と比較し、その型の説話が中国、朝鮮を経由して、金属器文化とともに日本列島に入り込み、記紀神話の体系の中に組み入れられるに至ったという過程を解明できたとしても、そのことは、スサノヲという神の崇拝がいったいどこで発生し、どのような集団に支えられ、どういう過程をたどって拡布し、その内性がどのように複雑化し、その伝承がどのような成長を遂げたかなどという問題を、少しも解決できるものではない。

日本神話とかギリシア神話などのような、長い複雑な歴史過程を経て発達した古典神話の研究において、もっとも関心を持たれている問題は、その霊格の崇拝がどうして発生し、どのような形でその神話が成長していったか、また他の説話をも吸収し、その説話圏を形成させていったか、またそれがどのような時期に、どのような媒介者によって中央に取り入れられ、文献に記載されていったかなどである。

こうした霊格の崇拝の起源や沿革を調べ、その母胎地・源泉地を探究し、その崇拝圏や説話圏を設定する手段としては、まず記紀や『新撰姓氏録』、六国史、奈良時代の戸籍や正税帳などに記されている、その神の奉斎氏族とその部民《べみん》の分布、その氏族の系譜と朝廷における勢力、また記紀の成立とほぼ同時代の地方史料である『風土記』などにおけるその神の伝承や、その崇拝の痕跡、『延喜式』の神名帳や「四時祭式」による地方の社の分布などが探究されなければならない。

ここで、こうした神の身元調べを行なうには、ギリシアの古典学の著名な研究家であったE・ベーテやG・マレイらが唱えた三つの方法が想起されてよいであろう。

二者は、ホメロスの叙事詩、ことに『イリアッド』（『イリアス』）に出てくる数多くの地名に関連し、幾多の霊格や英雄の物語の真の発生地・母胎地を探り出す決め手として、次の三つの手がかりを立てた。すなわち、(イ)その物語の主人公の聖跡、言いかえれば神殿や墳墓などの所在地、(ロ)その主人公の宿敵、(ハ)その主人公の家族関係・系譜である。(ロ)の場合は通常主人公の崇拝の地に隣接した地に、その相手方の遺跡が存する場合が多い。

たとえば、もしホメロスの神話の中に、ある英雄甲が特定のA地で、ある敵役乙を相手に争闘を行なったという伝承が語られたとする。その説話の真の母胎地は、必ずしもA地であるとは限らない。その本人の聖跡のある地、とくにその敵役乙の聖跡のある地と隣接したB地であることが多い。おまけにその敵役か本人の系譜に連なる人物の聖跡がそのB地付近にあれば、中央伝承に見えないB地こそその候補地としての可能性がもっとも強くなるのである。そうした聖跡のない地に、その主人公の説話が語られるはずはないのである。これは日本神話にも当てはまる原理である。

一般に、記紀神話のような中央の神話体系の中に、筑紫とか出雲とか日向とかの地名が出てき、その神話の主人公が、それらの土地で活躍・冒険をするという物語は、常識的にいえば、当のその土地の風土的伝承をのちに中央神話に採り上げ、まとめたのではないかということになろうが、実際は必ずしもそうとは限らないのである。記紀に見えるスサノヲの八岐大蛇退治は、記紀では出雲の簸《ひ》の川の上流の出来事となっているが、『風土記』にはまったく物語られていないから、もと簸の川流域の風土的伝承であったとは単純に割り切れないものがある。神武天皇の東征譚における途中の数多くの地名や、倭建命の熊襲《くまそ》征伐や東国征討などに出てくる地名も、必ずしもその当の土地の風土伝承であったとは限らない。むしろ宮廷で行なわれた諸儀礼や芸能の由来譚として、そうした物語が発生し、その後に諸国の適当な地名が割りふられたというケースが少なくないからである。もしそれが前述のような三つの探究の手がかりで、ほぼ同時代の地方史料を調べて検討できるのなら問題はない。

言いかえれば、なんの崇拝の痕跡も、神社もなく、またこれを支持する民族もいないような地に、その神の神話や口碑が発生するはずもないのである。

しかし、もちろん、これらの文献的徴証は、その神話の筆録されたと同時代か、もしくはこれに近接する時代のものでなければならない。こうした物語が一般民衆にも広く流布し、人口に膾炙《かいしゃ》されるに至った後世では、古典伝承に追随した偽作や模倣物が現地にいくらでも現われるものだからである。

出雲国譲り神話の舞台は記紀ではイナサの小浜とされている。ここには古く因佐《いなさ》神社があるが、同じ出雲郡にはオホナムチを祀る出雲大社をはじめ、イナセハギを祀る大穴持伊那西《おおなもちいなせ》波伎《はぎ》神社、アヂスキタカヒコネを祀る阿須伎《あすき》神社、アメワカヒコを祀る天若日子神社、アメノヒナドリを祀る阿麻能比奈等理《あまのひなどり》神社、フツヌシを祀る美談《みたみ》神社、和加布都努志《わかふつぬし》神社などの名が『出雲国風土記』や『延喜式』神名帳に見え、まさにこれらの神々の活躍する国譲り神話の発生地・母胎地がこの付近であったことを、察せしめるのである。これに対して、ヤヘコトシロヌシ、タケミナカタ、タケミカヅチの三者は、いずれも出雲にまったく崇拝の痕跡がなく、どう見ても、よそから無理にこの説話の舞台に連れてこられたよそ者に過ぎないと思われる。

霊格自身の崇拝の母胎地・源泉地の探究、およびその崇拝の拡布の状態の検証を行なうようには、『延喜式』神名帳におけるその神を名とする神社の分布を見るのが、一番確実である。そしてそれらの中でもっとも大きい社、社格の高い社が、その崇拝の本源地と考えてよい。たとえば、イザナギ・イザナミ二尊の崇拝は、ほぼ近畿を中心に分布している。すなわち淡路津名郡の伊弉諾神社のほかに、近江犬上郡の多賀神社、大和添下郡、同葛下郡、同城上郡、摂津嶋下郡、伊勢度会郡、若狭大飯郡には、それぞれ伊弉諾神社の名が見え、また阿波美馬郡には伊射那美《いざなみ》神社があった。また『日本書紀』に見える紀伊牟婁郡の有馬村のイザナミの神陵もある。この中でも、淡路のそれは名神大社としてもっとも格式高く、『日本書紀』にも、「幽宮を淡路の洲《しま》につくる」と記されているほどであるから、ここが源泉地であることは間違いない。

このような一地方神であったころの神は、宮廷神話の体系に組み入れられてから後の国家神的性格とは違った素朴な内性を示していることもある。『出雲国風土記』や『播磨国風土記』の中で、オオナムチとスクナヒコナが各地を巡って稲種を分布したり、稲積を積ませたりしていることも、また「五百津鉏《いおつすき》」をとって国作りをしたということも、この神の古い農耕神的特性を表わしているのである。

こうした地方伝承、氏族伝承を宮廷で採り上げるに至った過程についてであるが、この採用の新旧・順序の判定は容易ではない。しかし、その説話が宮廷の祭式に結びついていたかどうかということも、一つの判別の基準となるであろう。隼人舞のように、大嘗祭の服属儀礼の一つとして氏族の長によって奉納され、その本縁として己れの氏族伝承を語るというような場合は、宮廷流入の時期は比較的にはやい時代であるが、そうした儀礼などは伴わず、ただの口承説話だけの流入は比較的に新しいし、さらに文筆的な説話の挿入などは、もっとも新しい時期のものであることは、いうまでもないことである。したがって日向神話の宮廷採用の時期の方が、文筆的潤色が多い出雲神話の宮廷採用よりは古いというのが、私の持論なのである（『日本神話の形成』）。

説話自体の成立年代の新旧については、三品彰英博士などが説かれたように、『古事記』や『日本書紀』の中に含まれる多くの異伝は、そのままそれを支える氏族に色分けすることも可能であるし、またそれらが、みなそれぞれその説話成立年代の時代相やその担い手としての豪族の大和朝廷における地位・職掌を表わしている場合が多いことは、知っておくべきである。

たとえば、天孫降臨神話の各種異伝のうち、『日本書紀』の本文および一書の六に見える、タカミムスビだけが命令を下し、嬰児《えいじ》のホノニニギがマドコオフスマにくるまって、ひとり天降って来るという形が、もっとも古い素朴な形であり、それは草創期の大和朝廷の農耕行事であった大嘗・新嘗祭の縁起譚であったのに対し、『古事記』などに見える、アマテラスとタカミムスビの二神が登場し、神器を帯し、群神を随えた皇孫の形は、大和朝廷で中臣・忌部などの多くの豪族が部曲を随え天皇に仕え、宮廷の祭祀に奉仕した七世紀ごろの体制を反映している。これらの異伝を、素朴な形から複雑な形まで、歴史学の傍証によって適当に縦に並べ換えると、それがそのまま大和朝廷の政治体制の変遷過程を表わす史料となる。これも、神話の歴史的再構成の方法なのである。

神話の研究は、従来、民俗学者や民族学者、神話学者によると、説話の比較研究により、その「最原始形」の探究を行なうことであった。その方法によって、その主人公である神格の素朴な原始的内性や機能を、かなり明らかにすることは確かである。しかし、それだけでは完全ではない。研究の目的は、さらにその原型・原像から、いかなる過程をとって高度化・複雑化していったか、またこれが朝廷に採り上げられて、どのように大和朝廷のパンテオンの中に組みこまれていき、現在の記紀に見る形となったのであるか等々の問題であり、これは歴史学的な方法によって、はじめて明らかになしうるのである。

KODANSHA

本書の原本は、一九七四年九月、中央公論社より刊行されました。

松前　健（まつまえ　たけし）

1922～2002。國學院大學文学部卒業，同大学大学院修士課程修了。天理大学，立命館大学，奈良大学等で教授職を歴任。専攻は神話学，宗教学。文学博士。著書に『日本神話の新研究』（姉崎記念賞受賞作）『古代伝承と宮廷祭祀』『日本神話の謎』『大和国家と神話伝承』『古代信仰と神話文学』等のほか，「松前健著作集」（12巻・別巻1）がある。

講談社学術文庫

定価はカバーに表示してあります。

日本《にほん》の神々《かみがみ》

松前《まつまえ》　健《たけし》

2016年1月8日　第1刷発行
2025年5月12日　第4刷発行

発行者　篠木和久
発行所　株式会社講談社
　　　　東京都文京区音羽2-12-21 〒112-8001
　　　　電話　編集（03）5395-3512
　　　　　　　販売（03）5395-5817
　　　　　　　業務（03）5395-3615
装　幀　蟹江征治
印　刷　株式会社ＫＰＳプロダクツ
製　本　株式会社国宝社
本文データ制作　講談社デジタル製作

ISBN978-4-06-292342-2

「講談社学術文庫」の刊行に当たって

これは、学術をポケットに入れることをモットーとして生まれた文庫である。学術は少年の心を養い、成年の心を満たす。その学術がポケットにはいる形で、万人のものになることは、生涯教育をうたう現代の理想である。

こうした考え方は、学術を巨大な城のように見る世間の常識に反するかもしれない。また、一部の人たちからは、学術の権威をおとすものと非難されるかもしれない。しかし、それはいずれも学術の新しい在り方を解しないものといわざるをえない。

学術は、まず魔術への挑戦から始まった。やがて、いわゆる常識をつぎつぎに改めていった。学術の権威は、幾百年、幾千年にわたる、苦しい戦いの成果である。こうしてきずきあげられた城が、一見して近づきがたいものにうつるのは、そのためである。しかし、学術の権威を、その形の上だけで判断してはならない。その生成のあとをかえりみれば、その根は常に人々の生活の中にあった。学術が大きな力たりうるのはそのためであって、生活をはなれた学術は、どこにもない。

開かれた社会といわれる現代にとって、これはまったく自明である。生活と学術との間に、もし距離があるとすれば、何をおいてもこれを埋めねばならない。もしこの距離が形の上の迷信からきているとすれば、その迷信をうち破らねばならぬ。

学術文庫は、内外の迷信を打破し、学術のために新しい天地をひらく意図をもって生まれた。文庫という小さい形と、学術という壮大な城とが、完全に両立するためには、なおいくらかの時を必要とするであろう。しかし、学術をポケットにした社会が、人間の生活にとってより豊かな社会であることは、たしかである。そうした社会の実現のために、文庫の世界に新しいジャンルを加えることができれば幸いである。

一九七六年六月

野間省一

文化人類学・民俗学

124
年中行事覚書
柳田國男著（解説・田中宣一）

人々の生活と労働にリズムを与え、共同体内に連帯感を生み出す季節の行事。それらなつかしき習俗 行事の数々に民俗学の光をあて、隠れた意味や成り立ちを探る。日本農民の生活と信仰の核心に迫る名著。

135
妖怪談義
柳田國男著（解説・中島河太郎）

河童や山姥や天狗等、誰でも知っているのに、実はよく知らないこれらの妖怪たちを追究してゆくと、正史に現われない、国土にひそむ歴史の事実をかいまみることができる。日本民俗学の巨人による先駆的業績。

484
中国古代の民俗
白川　静著

未開拓の中国民俗学研究に正面から取り組んだ労作。著者独自の方法論により、従来知られなかった中国民族の生活と思惟、習俗の固有の姿を復元、日本古代の民俗的事実との比較研究にまで及ぶ画期的な書。

528
南方熊楠《みなかたくまぐす》
鶴見和子著（解説・谷川健一）

南方熊楠――この民俗学の世界的巨人は、永らく未到のままに聳え立ってきたが、本書の著者による満身の力をこめた独創的な研究により、ようやくその全体像を現わした。〈昭和54年度毎日出版文化賞受賞〉

661
魔の系譜
谷川健一著（解説・宮田　登）

正史の裏側から捉えた日本人の情念の歴史。死者の魔が生者を支配するという奇怪な歴史の底流に目を向け、呪術師や巫女の発生、呪詛や魔除けなどを通して、日本人特有の怨念を克明に描いた魔の伝承史。

677
塩の道
宮本常一著（解説・田村善次郎）

本書は生活学の先駆者として生涯を貫いた著者最晩年の貴重な話――「塩の道」「日本人と食べ物」「暮らしの形と美」の三点を収録。独自の史観が随所に読みとれ、宮本民俗学の体系を知る格好の手引書。

電P

文化人類学・民俗学

1085
仏教民俗学
山折哲雄著

日本の仏教と民俗は不即不離の関係にある。日本人の生活習慣や行事、民俗信仰などを考察しながら、民衆に育まれてきた日本仏教の独自性と日本文化の特徴を説く。仏教と民俗の接点に日本人の心を見いだす書。

1104
民俗学の旅
宮本常一著（解説・神崎宣武）

著者の身内に深く刻まれた幼少時の生活体験と故郷の風光、そして柳田國男や渋沢敬三ら優れた師友の回想など生涯にわたり歩きつづけた一民俗学徒の実践的踏査の書。宮本民俗学を育んだ庶民文化探求の旅の記録。

1115
憑霊《ひょうれい》信仰論
小松和彦著（解説・佐々木宏幹）

日本人の心の奥底に潜む神と人と妖怪の宇宙。闇の歴史の中にうごめく妖怪や邪神たち。人間のもつ邪悪な精神領域へ踏みこみ、憑霊という宗教現象の概念と行為の体系を介して民衆の精神構造＝宇宙観を明示する。

1378
蛇　日本の蛇信仰
吉野裕子著（解説・村上光彦）

古代日本人の蛇への強烈な信仰を解き明かす。注連縄・鏡餅・案山子は蛇の象徴物。日本各地の祭祀と伝承に鋭利なメスを入れ、洗練と象徴の中にその跡を隠し永続する蛇信仰の実態を、大胆かつ明晰に論証する。

1545
アマテラスの誕生
筑紫申真著（解説・青木周平）

皇祖神は持統天皇をモデルに創出された！　壬申の乱を契機に登場する伊勢神宮とアマテラス。天皇制の宗教的背景となる両者の生成過程を、民俗学と日本神話研究の成果を用いダイナミックに描き出す意欲作。

1611
性の民俗誌
池田弥三郎著

民俗学的な見地からたどり返す、日本人の性。一夜妻、一時女郎、女のよばい等、全国には特色ある性風俗が伝わってきた。これらを軸とし、民謡や古今の文献に拠りつつ、日本人の性への意識と習俗の伝統を探る。

文化人類学・民俗学

2254
梅棹忠夫著（解説・原　武史）
日本探検
知の巨人は、それまでの探検で培った巨視的手法で己れの生まれた「日本」を対象化し、分析する。「文明の生態史観序説」と『知的生産の技術』の間に書かれ、梅棹学の転換点となった「幻の主著」がついに文庫化！

電P

2283
柳田國男著（解説・中沢新一）
地名の研究
諸外国とくらべて地名が膨大な国、日本。有名な「大きな地名」よりも、小字などの「小さな地名」に着目した柳田の真意とは。利用地名、占有地名、分割地名それぞれの特徴とは。地名学の源流となった名著。

電P

2307
小松和彦著（解説・高田　衛）
妖怪学新考
妖怪からみる日本人の心
山に、辻に、空き地に、ビルの隙間や、あなたの「うしろ」にも――人あるところ、妖怪あり。人びとの不安や恐れが生み出す「妖怪」を通して日本人の精神構造と、その向こう側にある「闇」の領域を問いなおす。
電P

2314
森枝卓士著
カレーライスと日本人
インド生まれのカレーが、いまや日本の食卓の王座についているのはなぜか？　カレー粉のルーツをイギリスに探り、明治以来の洋食史を渉猟し、「カレーとは何か」を丹念に探った名著。著者による補筆を収録。

電P

2316
眞念著／稲田道彦訳注
四國徧禮道指南《しこくへんろみちしるべ》
全訳注
貞享四年（一六八七）刊の最古のお遍路ガイドが現代によみがえる！　旅の準備、道順、宿、見所……。江戸期の大ロングセラーは情報満載。さらに現代語訳と詳細地図を付して時を超える巡礼へと、いざ旅立とう。
電P

2342
松前　健著
日本の神々
イザナギ、イザナミ、アマテラス、そしてスサノヲ。歴史学と民族学・比較神話学の二潮流をふまえ、神々の素朴な「原像」が宮廷神話へと統合される過程を追い、信仰や祭祀の形成と古代国家成立の実像に迫る。

電P

日本の歴史・地理

2177
名将言行録 現代語訳
岡谷繁実著／北小路 健・中澤惠子訳

幕末の館林藩士・岡谷繁実によって編まれた、武将たちの逸話集。千二百をこえる膨大な諸書を渉猟して編纂された大著から戦国期の名将二十二人を抜粋、戦乱の世の雄たちの姿を、平易な現代語で読み解いてゆく。電P

2178
日本その日その日
エドワード・S・モース著／石川欣一訳

大森貝塚の発見者として知られるモースの日本滞在見聞録。科学者の鋭敏な眼差しを通して見た、近代最初期の日本の何気ない日常の営みや風俗を、異文化に触れる驚きや楽しさに満ちたスケッチと日記で伝える。電P

2179
東京裁判への道
粟屋憲太郎著

A級戦犯被告二十八人はいかに選ばれたのか？ 昭和天皇不訴追の背景は？ 無視された証言と証拠、近衛の自殺、木戸の大弁明……アメリカの膨大な尋問調書が明かす真実。第一人者による東京裁判研究の金字塔！ 電P

2212
富士山の自然史
貝塚爽平著

三つのプレートが出会う場所に、日本一の名峰は、そびえ立っている。日本・東京の地形の成り立ちと風景と足下に隠された自然史の読み方を平易に解説する。ロングセラー『東京の自然史』の入門・姉妹編登場。電P

2213
幻の東京オリンピック 1940年大会 招致から返上まで
橋本一夫著

関東大震災からの復興をアピールし、ヒトラーやムソリーニとの取引で招致に成功しながら、日中戦争勃発で返上を余儀なくされた一九四〇年の東京オリンピック。戦争と政治に翻弄された人々の苦闘と悲劇を描く。電P

2214
鎌倉と京 武家政権と庶民世界
五味文彦著

中世とは地方武士と都市庶民の時代だった。武家政権の誕生前夜から鎌倉幕府の終焉にかけての、生活の場とその場での営為を通して、自我がめざめた「個」の時代の相貌を探究。中世日本の実像が鮮やかに甦る。電P

日本の歴史・地理

2280
相楽総三とその同志
長谷川 伸著（解説・野口武彦）

歴史は多くの血と涙、怨みによって成り立っている。薩長に「偽官軍」の汚名を着せられて刑死した相楽総三率いる赤報隊。彼ら「草莽の志士」の生死を丹念に追うことで、大衆文学の父は「筆の香華」を手向けた。

2284
侍従長の回想
藤田尚徳著（解説・保阪正康）

敗戦必至の状況に懊悩する昭和天皇。終戦の決断に至るまでに何があったのか。玉音放送、マッカーサーとの会見、そして退位論をめぐって示した君主としての姿勢とは。激動期に側近に侍した著者の稀有の証言。

2286
伊藤博文 近代日本を創った男
伊藤之雄著

討幕運動、条約改正、憲法制定、そして韓国統治と暗殺。近代国家を創設した最大の功労者の波乱の生涯と、「剛凌強直《ごうりょうきょうちょく》」たる真の姿を描き切る。従来の「悪役イメージ」を覆し、その人物像を一新させた話題の書。

2290
満鉄調査部
小林英夫著

戦時経済調査、満蒙・ソ連研究、華北分離政策などの活動実態から、関東憲兵隊との衝突、戦後日本の経済成長やアジア研究への貢献まで。満洲から国策を先導した、「元祖シンクタンク」満鉄調査部の全貌に迫る。

2300
徳富蘇峰 終戦後日記『頑蘇夢物語』
徳富蘇峰著（解説・御厨 貴）

占領下にあっても近代日本最大の言論人は書き続ける。封印された第一級史料には、無条件降伏への憤り、昭和天皇への苦言、東條・近衛ら元首相への批判と大戦の行方を見誤った悔悟の念が赤裸々に綴られていた！

2340
大政翼賛会への道 近衛新体制
伊藤 隆著

太平洋戦争前夜、無血革命に奔った群像！ 憲法の改正や弾力的運用で政治・経済・社会体制の変革と一党支配を目指した新体制運動。これを推進した左右の革新派の思惑と、彼らが担いだ近衛文麿の行動を追跡。

日本の古典

207～209
古事記（上）（中）（下）
次田真幸全訳注

本書の原典は、奈良時代初めに史書として成立した日本最古の古典である。これに現代語訳・解説等をつけ、素朴で明るい古代人の姿を平易に説き明かし、神話・伝説・文学・歴史への道案内をする。（全三巻）

269
竹取物語
上坂《うえさか》信男全訳注

日本の物語文学の始祖として古来万人から深く愛された「かぐや姫」の物語。五人の貴公子の妻争いは風刺を盛った民俗調が豊かで、後世の説話・童話にも発展する。永遠に愛される素朴な小品である。

274～277
言志四録《げんししろく》（一）～（四）
佐藤一斎著／川上正光全訳注

江戸時代後期の林家の儒者、佐藤一斎の語録集。変革期における人間の生き方に関する問題意識で貫かれた本書は、今日なお、精神修養の糧として、また処世の心得として得難き書と言えよう。（全四巻）

325
和漢朗詠集《わかんろうえいしゅう》
川口久雄全訳注

王朝貴族の間に広く愛唱された、白楽天・菅原道真の詩、紀貫之の和歌など、珠玉の歌謡集。詩歌管絃に秀でた藤原公任の感覚で選びぬかれた佳句秀歌は、自然の美をあまねく歌い、男女の愛怨の情をつづる。

335～337
日本霊《りょう》異《い》記《き》（上）（中）（下）
中田祝夫《のりお》全訳注

日本霊異記は、南都薬師寺僧景戒の著で、日本最初の仏教説話集。雄略天皇（五世紀）から平安初期までの説話百二十篇ほどを収めて弘仁十三年（八二二）に成立。奇怪譚・霊異譚に満ちている。（全三巻）

414・415
伊勢物語（上）（下）
阿部俊子全訳注

平安朝女流文学の花開く以前、貴公子が誇り高く、颯爽と行動してひたむきな愛の遍歴をした。その人間悲哀の相を、華麗な歌の調べと絢い合わせ纏め上げた珠玉の歌物語のたまゆらの命を読み取ってほしい。